LA PERLE

DU

PALAIS-ROYAL

PAR

XAVIER DE MONTÉPIN

3

PARIS
ALEXANDRE CADOT, ÉDITEUR
37, rue Serpente.

1855

LA PERLE DU PALAIS-ROYAL

Ouvrages de Paul Féval.

Le Tueur de Tigres.	2 vol.
Les Parvenus.	3 vol.
La Sœur des Fantômes.	3 vol.
Le Capitaine Simon.	2 vol.
La Fée des Grèves.	3 vol.
Les Belles de nuit.	8 vol.

Ouvrages de G. de la Landelle.

L'Eau et le Feu.	2 vol.
Le Château de Noirac.	2 vol.
L'Honneur de la Famille.	2 vol.
Les Princes d'Ebène.	5 vol.
Falkar-le-Rouge.	5 vol.
Les Iles de Glace.	4 vol.
Le Morne aux Serpents.	2 vol.
Une Haine à bord.	2 vol.

Ouvrages d'Alexandre de Lavergne.

Il faut que jeunesse se passe.	3 vol.
Sous trois rois.	2 vol.
La princesse des Ursins.	2 vol.
Un Gentilhomme d'aujourd'hui.	3 vol.
Le dernier seigneur de village. Le secret de la confession.	2 vol.

Fontainebleau, imprimerie de E. Jacquin.

LA PERLE

DU

PALAIS-ROYAL

PAR

XAVIER DE MONTÉPIN

3

PARIS
ALEXANDRE CADOT, ÉDITEUR
37, rue Serpente.

1855

DEUXIÈME PARTIE

(SUITE)

LES PRINCES DE COURTENAY

(SUITE)

XIV

L'ange sauveur.

Jean de Courtenay, usant de sa force prodigieuse, traîna contre la porte un lourd bahut de chêne, — de telle sorte qu'il aurait été impossible d'entrer dans la chambre sans renverser ce bahut — en admettant toutefois comme certaine la non existence de quelqu'autre issue mystérieuse.

Le prince revint ensuite auprès de la cheminée, et, jetant un regard à ses pistolets inutiles, il tira son couteau de chasse qu'il plaça à portée de sa main.

— C'est une bonne arme... — pensa-t-il — mais à quoi me servira-t-elle ?... — pourrais-je seulement défendre ma vie contre ces misérables qui vont me tuer, de loin, à coups de carabine, comme un sanglier acculé dans sa bauge!... et, encore, le sanglier peut au moins, lui, faire une trouée victorieuse parmi ses ennemis sanglants et vendre chèrement sa vie!... — mais, moi, rien!... rien!... l'impuissance!... — Il faut attendre et mourir, à moins que du ciel ne m'arrive un secours... — à moins que Dieu ne m'envoie un ange!...

Le dernier mot qui venait de se formuler dans sa pensée fit tressaillir le prince.

— Ange!... — répéta-t-il — cette jeune fille, un ange aussi, voulait me sauver!...— elle l'essayera... mais, que pourra-t-elle?— seule, au milieu de ces assassins, elle est aussi impuissante que moi...

Jean de Courtenay se laissa tomber dans le grand fauteuil, l'œil vigilant, l'oreille aux aguets, il attendit qu'un bruit ou un mouvement quelconque lui vinssent annoncer que sa dernière minute approchait.

Son regard rencontra de nouveau cet antique portrait de chevalier bardé de fer dont nous avons déjà parlé.

— Ah! — murmura-t-il — gentilhomme du temps passé... guerrier au dur visage — toi qui combattis, toi qui mourus peut-être pour le roi que tu servais, en portant au plus épais de la mêlée le cimier blasonné de ton casque d'acier — ne tressailles-tu pas dans ta tombe de honte et de colère, lorsque tu vois ce que deviennent aujourd'hui ceux qui portent ton nom!...—Vieux soldat d'une noble race, tes fils sont des assassins et des voleurs, et de ton manoir déshonoré ils ont fait un coupe-gorge!... — héros des anciens jours, je t'évoque!... — Descends de ce cadre où tu dors, et viens protéger l'hôte de ta maison contre ton infâme descendant!...

À peine le prince avait-il ainsi pensé, qu'une sueur froide mouilla son front — ses cheveux se dressèrent sur sa tête — il lui sembla que ce *souffle*, dont parle l'écriture, *passait devant sa face.* — Ses yeux s'arrondirent dans leur orbite agrandi, et, soulevé à demi, appuyant sa main droite sur l'un des bras du fauteuil et se renversant en arrière, il se sentit dominé par une indicible épouvante.

L'ordre des choses naturelles se bouleversait pour lui !

Il entrait, tout éveillé, dans le domaine des visions fantastiques !...

Les mots, que son âme seule venait de prononcer, avaient été entendus !...

Le chevalier — peint depuis des siècles — sortait de son cadre terni et s'avançait de son côté!...

Ainsi donc, le tombeau lâchait sa proie!... — le bois se faisait chair!... — un miracle s'accomplissait!...

Jean de Courtenay était brave — brave comme un Français — comme un gentilhomme — comme un prince. — Mais il était superstitieux. — A cette époque, qui ne l'était pas?

En ce moment il eut préféré voir dirigés contre lui les canons des pistolets du comte et de ses complices, plutôt que de se trouver ainsi face à face avec cette vision de l'autre monde!...

Le prince, malgré lui, ferma ses yeux.

Quand il les rouvrit, — au bout d'une seconde — le vieux seigneur avait disparu, et, à sa place, dans une sorte d'embrasure béante et noire, apparaissait la figure pâle et sublime et la taille frêle et souple de mademoiselle de Thiphaine, qui tenait une lanterne sourde dans sa main gauche.

Jean de Courtenay, à l'instant même, comprit tout.

Le portrait avait tourné sur des gonds invisibles, en démasquant un couloir inconnu.

L'Ange était venu à son aide !...

Le prince allait parler.

La jeune fille appuya sur ses lèvres un doigt, pour l'engager à garder le silence — et lui fit signe d'approcher.

Il remit son couteau de chasse dans le fourreau, et il obéit.

— Venez — lui dit Ange, d'une voix basse et entrecoupée — venez, monseigneur, je vous sauve...

En même temps elle se reculait, afin de laisser une place à côté d'elle.

Le prince s'élança et la rejoignit.

Elle toucha un ressort, et le panneau reprit sa place.

Jean de Courtenay et la jeune fille se

trouvaient en ce moment dans une sorte de corridor, très étroit, pratiqué dans l'intérieur de l'épaisse muraille.

Ange passa la première et dit :

— Fuyons... hâtons-nous...

Mais, presqu'aussitôt, elle ajouta :

— Écoutez...

Le prince prêta l'oreille.

On entendait distinctement ébranler la porte de la chambre qu'il venait de quitter.

— Ils sont là — murmura la jeune fille — une minute de plus, il eut été trop tard...

Et elle se prit à courir, suivie par le prince.

A peine avaient-ils fait une trentaine de pas, qu'un bruit sourd et prolongé, pareil au fracas d'un tonnerre lointain, arriva jusqu'à eux.

Évidemment la porte venait d'être forcée, et c'était la chute du lourd bahut qui produisait ce bruit.

Le prince s'arrêta.

— Connaissent-ils ce passage? — demanda-t-il, d'une voix que l'émotion rendait tremblante.

— Non, monseigneur... Marchons donc

sans crainte, car vous êtes hors de danger...

Pendant plus d'un quart d'heure, le prince et sa compagne parcoururent de longs couloirs — descendirent d'interminables escaliers — passèrent sous des voutes sombres et humides.

Enfin la jeune fille arriva à une sorte de petite poterne qu'elle ouvrit, après avoir éteint sa lanterne sourde.

Cette poterne donnait accès dans une tour en ruine, — située à la lisière des bois, — de l'autre côté de l'étang, — à un quart de lieue du château.

— Monseigneur — dit alors mademoiselle de Thiphaine — tout péril est fini pour vous...

— votre château de Sussy est de ce côté — adieu, monseigneur...

— Quoi, mademoiselle — s'écria le prince — vous voulez me quitter ainsi !...

— Vous n'avez plus besoin de moi, monseigneur...

— Mais, où irez-vous ?

— Je retourne au château.

— Parmi ces misérables !...

— Il le faut bien.

— Mais, s'ils découvrent que c'est à vous que je dois mon salut, ils vous tueront !...

— Dieu me protégera peut-être, monseigneur...

— Je ne puis consentir à vous laisser retourner dans cet antre de crime et d'infamie !

— Eh ! que voulez-vous que je devienne, monseigneur ? — je n'ai pas d'asile !...

— Au nom du ciel, — au nom de votre mère, mademoiselle, ne repoussez pas l'humble prière de celui qui vous doit tout...

— Parlez, monseigneur, que voulez-vous de moi ?...

—Consentez à m'accompagner, mademoiselle !... — Placez-vous sous la loyale protection d'un gentilhomme qui n'a jamais trompé la confiance que l'on avait mise en lui...

— Je ne le peux pas... je ne le dois pas, monseigneur...

— Mademoiselle — poursuivit le prince — l'une de mes parentes est la supérieure d'un couvent d'Augustines, à Bourges... — dès demain matin, si vous le voulez mademoiselle, j'aurai l'honneur de vous remettre moi-même entre les mains de cette douce et sainte femme... et elle sera bien heureuse de pouvoir vous offrir auprès d'elle un asile digne de vous...

— J'accepte alors, monseigneur — répondit simplement mademoiselle de Thiphaine — j'accepte, et je vous remercie du fond du cœur...

— D'ici à mon château de Sussy — reprit Jean de Courtenay — il y a près de trois lieues... — pourrez-vous marcher jusque-là ?

— Oh ! monseigneur, je suis forte et courageuse... j'arriverai sans peine.

— Pensez-vous que nous courions le risque d'être poursuivis ?

— Je ne le crois pas, monseigneur... et de plus en nous enfonçant dans les bois il nous serait facile d'échapper à toute recherche... — Tenez, d'ailleurs, regardez là-bas...

Du point un peu élevé où se trouvaient placés le prince et la jeune fille, on distinguait nettement le château et ses alentours éclairés par la lune.

— C'est de ce côté que le geste d'Ange attirait l'attention du prince.

Il regarda et il vit, non loin de la passerelle, le comte de Pessac et les deux bandits — cherchant quelques traces sur la terre, au-dessous de la fenêtre du cabinet, car c'est par cette fenêtre qu'ils supposaient que le prince avait dû s'échapper.

— Vous voyez — reprit la jeune fille — que nous avons une avance considérable, et que, d'ailleurs, on ne nous cherchera point par ici... — Quand vous le voudrez, monseigneur, nous nous mettrons en route...

— A l'instant, mademoiselle.

Tous deux, en effet, se dirigèrent de façon à atteindre le chemin qui conduisait de La Châtre à Sussy, et qui serpentait, on le sait, à travers les bois.

Ils ne tardèrent point à le joindre, et ils hâtèrent le pas autant que possible.

Mais mademoiselle de Thiphaine avait trop présumé de sa force en supposant qu'elle arriverait sans peine au château de Sussy.

Les émotions de la soirée précédente l'avaient épuisée.

Peu à peu ses pas chancelants devinrent incertains et inégaux.

Elle fut obligée de se suspendre, pour ainsi dire, au bras du prince pour ne pas tomber.

Enfin, la force l'abandonna tout à fait. — Il restait encore environ une demi-lieue à faire, et le jour commençait à poindre.

Jean de Courtenay la souleva dans ses bras, et il arriva au château chargé de ce fardeau charmant.

Ange fut remise aux mains de femmes, qui la déshabillèrent et la mirent au lit sans retard.

Une fièvre ardente, accompagnée de délire, se déclara presqu'aussitôt.

XV

Une plainte au criminel.

Nous devons à nos lecteurs une explication — à peu près inutile, ce nous semble, et à laquelle leur intelligence suppléerait facilement — mais, enfin, nous la devons, et nous allons la donner en quelques lignes.

La pièce, dans laquelle le comte de Pessac avait introduit ses deux complices, lors de leur arrivée au château, était une sorte de petit cabinet, sombre et sans issue, dans lequel on ne pénétrait que rarement, et qui se trouvait au-dessous de la chambre d'Ange de Thiphaine.

Par une particularité digne de remarque, mais qui se rencontre assez fréquemment dans les constructions anciennes, un conduit acoustique, qui ne devait son existence qu'au hasard, transmettait avec une admirable fidélité, à l'étage supérieur, le son de toutes les paroles prononcées dans ce cabinet.

La jeune fille entendit donc, sans en

perdre un seul mot et avec une indicible terreur, tous les détails de l'abominable complot tramé par son oncle et par les deux bandits, Jacomé et Combons.

Le détail relatif au vin d'Espagne, qui devait renfermer un puissant narcotique, la frappa surtout.

Son parti fut pris aussitôt.

Elle résolut de sauver — au péril de sa propre vie — le prince de Courtenay.

Mais, comment?

— Dieu m'inspirera!... — pensa-t-elle.

Ange de Thiphaine, élevée depuis son enfance au château de Pessac, où elle menait l'existence la plus solitaire et la plus triste, avait exploré mille fois tous les recoins de cette antique demeure.

Un jour — elle avait alors dix ou douze ans, tout au plus — le hasard, ce grand meneur des destinées humaines, lui fit découvrir, dans les ruines de la partie abandonnée du manoir, l'issue d'un passage ignoré de tout le monde.

Avec une audace singulière, Ange s'aventura dans cette voie mystérieuse, et ne tarda point à se convaincre, non sans surprise, que d'étroits couloirs régnaient dans l'épaisseur de toutes les murailles, et que certaines pièces — entr'autres la chambre rouge — communiquaient avec ces couloirs par des panneaux mobiles ou par des trappes, dont le secret ne lui échappa point.

L'un des caractères distinctifs de la nature sérieuse et un peu concentrée de mademoiselle de Thiphaine, était une extrême discrétion et une réserve bien rare à son âge.

Elle garda pour elle sa découverte et n'en dit pas un mot à qui que ce fut au monde.

Combien ne s'applaudit-elle point de ce silence instinctif, le soir où elle comprit qu'elle allait — grâce au secret connu d'elle seule — sauver le prince de Courtenay.

— Dieu m'inspirera ! — avait-elle dit.

Dieu lui inspira d'aller trouver le prince dans la chambre rouge en se servant du couloir mystérieux, et de le mettre sur ses gardes en lui révélant ce qui se passait.

Mais il était déjà trop tard.

Au moment où elle allait sortir de la chambre, pour accomplir sa résolution, M. de Pessac la vint quérir et lui donna *l'ordre* de descendre à l'instant même, pour présider aux apprêts du souper.

Ange n'eut donc que le temps de cacher de son mieux à son oncle, le trouble et l'émotion qui la dominaient.

Il fallait obéir, car le comte était un

maître dur et absolu pour sa nièce, et ne la traitait avec une apparente bienveillance que devant des étrangers.

Ange se promit de saisir la première occasion qui se présenterait d'avertir le prince du danger suspendu sur sa tête.

Nous savons comment elle se tint parole.

§

Cette fièvre ardente, qui s'était emparée du corps brisé de mademoiselle de Thiphaine — ce délire, qui troublait son imagination trop violemment bouleversée, durèrent trois jours.

Durant ces trois jours, Jean de Courtenay souffrit, certes, plus que la jeune fille.

D'heure en heure — de minute en minute — augmentaient ses anxiétés, ses angoisses.

Il ne pénétrait point dans la chambre de la malade, mais il restait, jour et nuit, dans la pièce qui précédait cette chambre, afin de pouvoir interroger sans cesse les femmes et les médecins.

Il ne se souvenait pas d'avoir éprouvé, depuis qu'il était au monde, des émotions aussi cruelles et aussi poignantes.

Enfin, dans la nuit du troisième au quatrième jour, le délire céda, puis la fièvre.

Ange était sauvée!

Quand le prince apprit cette nouvelle, il

courut à la chapelle du château, et là — lui qui sans être un impie, était bien loin d'être pieux — il pria pendant quelques instants avec une ardeur qui dut être agréable à Dieu.

La convalescence de la jeune fille commença.

Au bout de deux jours, elle put s'habiller et recevoir Jean de Courtenay, qu'elle n'avait point revu depuis la nuit où il avait été si miraculeusement sauvé par elle.

Dans cette entrevue, Ange lui demanda deux choses.

D'abord, de ne point tarder à la faire conduire, ainsi qu'il le lui avait promis, au couvent des Augustines.

Ensuite, d'abandonner tout projet de vengeance — s'il en avait conçu — et de ne point rechercher judiciairement le comte de Pessac, au sujet de la tentative de vol et d'assassinat.

Le prince n'avait pas de plus cher désir que celui d'obéir en toutes choses à mademoiselle de Thiphaine; — il promit tout ce qu'elle voulut; — seulement il lui représenta qu'elle était encore beaucoup trop faible pour pouvoir se rendre sans retard au couvent.

La jeune fille en convint — et consentit de bonne grâce à passer quelques jours de plus au château.

Jean de Courtenay faillit en devenir fou de joie.

Sur ces entrefaites, arriva à Sussy la nouvelle la plus étrange — la plus inouïe — la plus invraisemblable !

Il s'agissait d'un acte de si incompréhensible démence, que le prince refusa tout d'abord d'y ajouter foi !...

Cependant il devint bientôt impossible de douter.

Le comte de Pessac venait de déposer, entre les mains de MM. du parlement de Bourges, une plainte au criminel contre le prince Jean de Courtenay, accusé par lui de rapt de mineure.

Cette plainte perdait de réputation Ange de Thiphaine, car l'infâme gentilhomme affirmait sous serment que sa nièce était grosse des œuvres de M. de Courtenay.

Cette plainte monstrueuse — ce monument d'impudente audace — s'explique facilement.

Le comte de Pessac — furieux de la fuite de celui qu'il voulait assassiner — furieux de la perte d'une grosse somme qu'il regardait déjà comme lui appartenant — furieux de ce qu'il appelait la trahison de sa nièce — sachant d'ailleurs qu'aucune preuve n'existait contre lui, puisque le crime, jusque là seulement en projet, n'avait en réalité point été commis — craignit une dénonciation du prince et jugea prudent de la prévenir par une accusation calomnieuse.

Mais, en cela, il dépassa le but qu'il croyait atteindre.

M. de Courtenay avait juré à la jeune fille de ne point rechercher judiciairement son oncle.

L'attaque insensée de ce dernier le relevait de son serment.

Il conduisit Ange à Bourges — il la remit lui-même aux mains de la noble supérieure du couvent des Augustines.

Puis il se présenta devant les juges et il mit sous leurs yeux tous les faits que nous venons de retracer.

La vérité était évidente — palpable — lumineuse.

Le comte de Pessac et ses deux complices furent à l'instant même décrétés de prise de corps.

On instruisit leur procès dans les formes, et ces misérables furent, tout d'une voix, condamnés à la peine de mort.

Par l'influence de M. de Courtenay, il y eut commutation de peine en faveur de l'oncle de mademoiselle de Thiphaine.

On lui fit grâce de la vie, et — muni d'une somme qui provenait de la libéralité du prince — il put passer en Amérique.

Quant à Combons, le faux monnayeur, et à Jacomé, l'usurier — on les pendit l'un et l'autre haut et court — et ce faisant, on fit justice!...

§

Cependant Ange de Thiphaine n'en restait pas moins déshonorée par les infâmes allégations du comte de Pessac.

Sur la réputation d'une jeune fille aucune tache ne s'efface, même celles qu'a produit la calomnie la plus éhontée.

La pauvre enfant — victime de son courageux dévoûment — n'avait d'autre avenir que de se consacrer à Dieu et de prendre le voile dans la maison des Augustines, s'il ne se présentait pas un honnête homme qui la vînt laver de tout soupçon injurieux, en lui donnant sa main et son nom.

Cet honnête homme se présenta.

Ce fut le prince Jean de Courtenay.

Il ne faisait qu'acquitter une dette de reconnaissance, mais il l'acquittait de tout son cœur et de toute son âme, car il aimait Ange éperdûment, et, depuis qu'il avait vu la jeune fille pour la première fois, ses idées au sujet du mariage avaient bien changé.

Ange, de son côté — malgré la grande différence de l'âge — donnait sa vie avec bonheur à celui pour qui elle avait été véritablement un ange gardien.

Bref, le mariage de Jean de Courtenay avec mademoiselle de Thiphaine fut célébré, en présence de l'élite de la noblesse du Berry, par monseigneur l'évêque de Bourges, dans la chapelle du palais épiscopal.

XVI

Les Bohémiens.

Le duc de B... — ce grand seigneur qui, nous le savons, comptait pour lui et pour les siens sur l'héritage de Jean de Courtenay son parent, n'apprit point sans désappointement et sans colère le mariage de ce dernier.

Il fit cependant contre mauvaise fortune bon cœur, et, comme il était homme de cour et que, pour rien au monde, il ne se serait écarté de la ligne des strictes convenances, il répondit à la lettre de faire part de Jean de Courtenay par une lettre dans laquelle il le complimentait chaudement au sujet de son mariage.

— Peut-être n'aura-t-il pas d'enfant... — se disait-il à part lui — et alors, il n'y aurait que demi-mal...

Mais l'espoir du duc de B... ne devait point se réaliser.

Après une année de la plus heureuse union, Ange de Thiphaine, princesse de Courtenay, mit au monde un fils.

Ce fut pour son mari une grande joie, suivie, presqu'aussitôt, d'une immense douleur.

Une fièvre de lait, qui se déclara après l'accouchement, emporta la jeune mère en quelques jours.

Jean de Courtenay, inconsolable, jura de ne jamais se remarier et de ne plus vivre que pour son enfant, qui reçut au baptême le nom de Pierre — nom historique dans la famille des Courtenay.

Le prince tint parole.

L'ordre d'exil, rendu contre lui, avait été rapporté — il était libre de revenir à Paris et de reparaître à la cour.

Il refusa de le faire, et préféra rester dans ses domaines du Berry, afin de pouvoir s'y consacrer tout entier à l'éducation de son fils.

Trois ans s'écoulèrent.

L'enfant croissait en grâce et en beauté.

Il avait les traits charmants et la douce pâleur de sa mère.

Le prince Jean l'idolâtrait, et présageait que le vieil arbre héraldique des Courtenay allait refleurir plus brillant que jamais, dans ce nouveau rejeton.

§

Un jour, une compagnie de ces bohémiens nomades, qui parcouraient les provinces et vivaient du produit d'étranges industries, telles que de dire la bonne aventure, de vendre aux garçons des talismans pour se faire aimer des filles, et aux filles des philtres pour rendre les garçons fidèles — vint établir son campement dans une clairière des bois de Sussy, à une très petite distance du château.

Ces mécréants avaient passé près de deux semaines aux portes de Bourges — fort consultés par les maris jaloux et par les amoureux timides.

Ils n'eurent pas plus tôt installé leurs tentes dans l'endroit que nous venons d'indiquer que toute la population des domestiques du château et des bûcherons de la forêt accourut autour d'eux.

Gentilles charbonnières — femmes de

chambres coquettes et galants valets de pied, les consultèrent à qui mieux mieux.

Pendant toute la journée, le campement des bohémiens fut entouré de nombreux visiteurs.

Un épisode, — tout à la fois burlesque et dramatique, — intéressa vivement les curieux.

La tribu errante se composait de dix-neuf personnes — hommes femmes et enfants.

Une querelle survint entre deux femmes qui se prirent aux cheveux, après avoir échangé force injures, dans un vocabulaire inconnu.

Ce grotesque pugilat faillit se terminer

— du moins en apparence — par une effusion de sang.

Les maris des combattantes intervinrent et, ne pouvant tomber d'acord, firent briller en plein soleil les lames de leurs longs couteaux mauresques.

On les sépara, non sans peine.

Sans doute le fait était grave, car tout le reste de la troupe s'érigea aussitôt en tribunal, pour juger les coupables et pour punir ceux auxquels seraient attribués les premiers torts.

A la suite de ce jugement, un des zingaris, sa femme et leur petite fille, furent solennellement bannis de la tribu, avec les cérémonies étranges usitées en pareil cas parmi les Bohêmes.

Le couple, ainsi chassé en présence de nombreux spectateurs, s'éloigna en pleurant et s'enfonça dans la forêt.

Le soir de ce même jour, le jeune Pierre de Courtenay disparut.

L'enfant avait été volé dans une des salles du château, où il dormait, et dont la fenêtre était restée ouverte.

Le prince, désespéré, mit en campagne les agents les plus habiles, et promit des sommes énormes à qui lui donnerait des nouvelles de son fils bien-aimé.

Tout fut inutile.

Les traces de l'enfant et de ses ravisseurs étaient perdues et bien perdues.

Aucune lumière ne parvint au prince sur le sort de son enfant chéri.

La province entière se souleva contre les Bohémiens qu'elle accusait de ce vol abominable. — Ils furent arrêtés et conduits à Bourges.

Là ils protestèrent de leur innocence — ils affirmèrent que les vrais coupables devaient être l'homme, la femme et la petite fille, bannis par eux de la tribu, avec éclat et devant de nombreux témoins — trio devenu soudainement invisible et introuvable.

En l'absence de toute présomption, même légère, on dut mettre en liberté la horde nomade.

Les Bohémiens séjournèrent encore, pendant environ deux mois, dans diverses localités du Berry, puis ils se dirigèrent vers le midi de la France.

Un an après, un prêtre de Bourges, qui avait été en cour de Rome pour la permutation d'un bénéfice, raconta que dans la campagne, non loin de Sienne, il avait remarqué et reconnu cette même troupe de Zingaris sur laquelle s'était fixée l'attention générale aux environs de Bourges.

Il ajouta — et ceci donna beaucoup à penser — que leur duc et leur duchesse actuels étaient précisément cet homme et cette femme qu'ils avaient d'abord si solennellement chassés, et accusés ensuite avec tant d'obstination.

Tout ce qui s'était passé n'avait donc été, vraisemblablement, qu'une comédie concertée à l'avance, une adroite fourberie, pour détourner sur deux seules têtes, les soupçons du rapt dont la tribu entière se serait rendue coupable.

Jean de Courtenay, instruit de cette particularité, envoya aussitôt des gens de confiance en Italie afin d'y rejoindre et d'y interroger de nouveau les Bohêmes.

Mais il fut absolument impossible de les rejoindre, et la dernière espérance du prince s'évanouit encore.

Brisé par des chocs successifs et trop violents — rongé par le chagrin et l'ennui, Jean de Courtenay se voyait lentement dépérir et s'abandonnait à une sombre mysanthropie.

Il songeait — assurait-on — à entrer en religion et à léguer tous ses biens à un couvent. — Ce bruit parvint jusqu'à Paris.

Sur ces entrefaites, arriva au château de Sussy le duc de B... en personne.

Il avait appris — disait-il — quoique bien tardivement, le dernier malheur arrivé à son cher parent... — il venait lui prodiguer les consolations de la plus tendre amitié, et il allait l'emmener à Paris où, du moins, les distractions ne lui manqueraient pas.

Le prince n'avait plus de force, — même pour la résistance. — Il suivit le duc.

Ce dernier le réinstalla dans son hôtel de la rue Payenne — prit soin de lui remonter sa maison, et ne le quitta, pendant quelque temps, pas plus que son ombre.

Les projets de M. de B... étaient simples.

Il voulait inoculer de nouveau dans l'âme de son parent les goûts et les instincts de sa nature autrefois dissolue.

Il y parvint.

Jean de Courtenay ne chercha d'abord dans les orgies auxquelles son parent le contraignait en quelque sorte d'assister, qu'un moment de trêve et d'oubli, pour ses douleurs et pour ses regrets.

Mais, bientôt, il se reprit à aimer l'orgie

pour elle-même et la débauche pour la débauche.

Alors, il s'y vautra tout entier — corps et âme — sans modération et sans pudeur — jusqu'à l'ivresse et jusqu'à l'impuissance.

Il oubliait — il se trouvait heureux.

Le duc de B... souriait à son œuvre et s'applaudissait du succès si complet de sa machination infernale.

Au milieu de cette joie d'héritier futur, la mort le frappa.

Il mourut, laissant plein de vie — sinon de santé — celui dont il convoitait l'héritage.

— Ma foi, j'en suis fâché!... — dit Jean de Courtenay, à qui l'on annonça cette nouvelle, entre des filles d'Opéra et des bouteilles de vin de champagne — les unes et les autres décoiffées et frappées de glace — j'en suis vraiment fâché!... — c'était un bon parent et un galant cavalier que ce pauvre duc!... — donnons à sa mémoire une ou deux larmes... et buvons !...

Ce fut là toute l'oraison funèbre de M. de B... et, franchement, il ne méritait même pas celle-là.

Les années s'écoulèrent.

Le prince de Courtenay était arrivé par les excès à l'épuisement le plus absolu.

Dans son corps affaibli il ne survivait rien de cette vigueur reconquise sous les ombrages séculaires des belles forêts du Berry.

Pour tout dire en deux mots, le vieux gentilhomme ne pouvait plus être libertin que par la pensée et par le désir — ses passions sensuelles couvaient toujours sous la cendre, mais sans que la moindre flamme en jaillît — l'huile manquait à la lampe pour jeter une clarté, même passagère.

Ceci n'empêchait point Jean de Courtenay de prodiguer l'or aux impures à la mode.

Ces dames acceptaient sans conteste —

mais elles disaient, à qui voulaient l'entendre, et avec quels sourires ! et avec quel accent ! — qu'elles volaient son argent au prince, et que leurs fonctions auprès de lui étaient des *sinécures*, où la plus jolie femme du monde ne gagnerait pas ses honoraires...

Ce n'est pas sans raison — croyez-le bien — que nous insistons ainsi sur des détails qui, peut-être, paraissent à nos lecteurs, et surtout à nos lectrices, complétement inutiles — pour ne pas dire plus.

C'est que, là, est la clé d'une énigme dont nous ne saurons, ou, du moins, dont nous ne pourrons deviner et indiquer le mot que plus tard.

Au moment où nous allons retrouver le vieux seigneur, il y avait treize ans, jour pour jour, que la pauvre Ange de Thiphaine, princesse de Courtenay, était morte.

XVII

Ziska.

Il était deux heures de l'après-midi.

Le prince avait passé la nuit précédente tout entière dans un souper, ou plutôt dans une orgie — il ne s'était couché qu'au point du jour, et, après s'être levé à midi, il sommeillait dans un large fauteuil au coin du feu de la chambre à coucher de son hôtel de la rue Payenne.

Si quelques-uns des vassaux et des tenanciers de la terre de Sussy avaient pu voir leur seigneur en ce moment, ils ne l'auraient pas reconnu, tant il était changé depuis son départ du Berry.

Ce n'était plus Jean de Courtenay; le vigoureux et hardi veneur, faisant retentir les forêts de ses hallalis victorieux.

C'était un vieillard décrépi et morose — l'œil terne — la lèvre pendante — les joues flasques — le front sillonné de rides profondes qui ne disparaissaient qu'à grand peine sous les comestiques et sous le fard.

Germain, le premier valet de chambre du prince, entra, sur la pointe du pied, sans avoir été appelé.

M. de Courtenay, nous l'avons dit, ne dormait pas, il sommeillait.

Au bruit, si léger qu'il fut, des pas du valet de chambre sur le tapis moëlleux, il releva la tête, et il demanda :

— Eh bien ! qu'est-ce, Germain ? — Qu'y a-t-il ?...

— Monseigneur — répondit le valet de chambre — il y a là deux personnes qui sollicitent l'honneur d'être introduites devant monseigneur...

— Je ne reçois point ce matin... — N'as-tu donc pas répondu cela ?

— Pardon, monseigneur...

— Eh bien ?

— L'une de ces personnes insiste, et elle affirme qu'elle possède un secret qui intéresse monseigneur au plus haut point, et qu'il importe que ce secret lui soit révélé sans retard...

— Un secret, dis-tu, Germain ?

— Oui, monseigneur, un secret de haute importance.

— Et, quelles sont ces personnes ?

— Une jeune fille, de la plus grande

beauté, vêtue d'un costume singulier, et un enfant... un petit garçon...

— Et, cette jeune fille est jolie?

— Admirable, monseigneur.

Une étincelle de lubricité éclaira les prunelles atones du vieux seigneur.

— Allons, Germain — dit-il — introduis cette jeune fille... — pour arriver auprès de moi la beauté est le meilleur de tous les saufs-conduits...

Le valet de chambre sortit et revint au bout d'un instant conduisant les deux visiteurs.

— Voilà monseigneur le prince de Courtenay, mademoiselle... — dit-il à demi-voix.

Puis il se retira discrètement.

Le prince se retourna, et jeta un regard sur la nouvelle venue.

C'était une jeune fille de dix-huit ou vingt ans, tout au plus, et d'une merveilleuse pureté de traits et de formes.

Sa pâleur cuivrée — ses grands yeux noirs, d'un éclat presque insoutenable, — et, mieux encore, l'étrangeté de sa mise — indiquaient son origine orientale.

Son vêtement était celui des tribus bohémiennes, — mais plus riche, — et des grappes de sequins s'entrelaçaient dans les nattes de ses cheveux noirs et brillants, d'une prodigieuse longueur.

L'enfant qui l'accompagnait était vêtu très simplement — Jean de Courtenay ne fit aucune attention à lui.

La jeune fille salua le vieillard à la manière asiatique, en croisant les deux bras sur sa poitrine et en inclinant doucement la tête.

Le prince lui rendit son salut avec cette courtoisie dont il ne se départissait jamais vis-à-vis des femmes — quelles qu'elles fussent.

— Mademoiselle — lui dit-il ensuite —

que souhaitez-vous de moi, et que puis-je faire qui soit agréable à une aussi charmante personne ?...

— Rien, monseigneur... — répondit la bohémienne d'une voix un peu gutturale.

— Comment, rien ? s'écria le prince.

— Pour moi, vous ne pouvez rien, monseigneur... — et, pour vous, moi, je peux beaucoup...

Un sourire d'incrédulité railleuse vint aux lèvres de Jean de Courtenay.

— Je ne vous comprends pas parfaitement, mademoiselle — dit-il ensuite.

— Je vais m'expliquer, monseigneur, et,

quand je l'aurai fait, — jusqu'au dernier des jours qui vous restent à vivre, — vous bénirez le nom de Ziska!...

— Ziska, c'est vous, mademoiselle?

— Oui, monseigneur.

— Alors, mademoiselle Ziska, j'attends.

La jeune fille prit par la main l'enfant qui l'accompagnait, et le fit avancer jusqu'à deux ou trois pas du prince, puis, le plaçant de façon à ce que la lumière, qui venait de deux larges fenêtres, éclairât vigoureusement son visage, elle reprit :

— Monseigneur, regardez cet enfant...

Le prince obéit machinalement et attacha

sur le petit garçon un regard vague d'abord et incertain, puis, bientôt, ému et profond.

Dans les traits si pâles et si doux qui s'offraient à sa vue, il retrouvait la vivante image de la chaste beauté d'Ange de Thiphaine.

Jean de Courtenay se souleva à demi, et murmura d'une voix étouffée :

— Cet enfant !... Quel est cet enfant ?...

— Votre fils que je vous ramène — répondit Ziska avec une sublime simplicité.

Le prince retomba en arrière, anéanti par l'émotion.

Pendant quelques secondes, il ne put prononcer aucune parole.

Enfin la force lui revint, un flamme vive s'alluma dans ses yeux ternis — un rayon d'indicible joie passa sur son visage ravagé — il ouvrit les bras comme pour presser son enfant sur son cœur, mais, avant d'achever ce mouvement, il s'arrêta, retenu par une subite défiance, et il s'écria :

— La preuve!... — Avez-vous une preuve de ce que vous dites?...

— J'en ai plus d'une, monseigneur...

— Parlez!... parlez...

— Cet enfant vous fut ravi, il y a neuf

ans, dans la province du Berry, et près de votre château de Sussy...

— C'est vrai... — Quels furent les ravisseurs ?...

— Mon père et ma mère, monseigneur... — et ils se sont repentis à leur lit de mort...

— Mais, qui les avait poussé à ce crime abominable !...

— L'intérêt...

— Comment cela ?...

— Un de vos parents, qui voulait hériter de toute votre fortune, leur avait donné une somme considérable pour les engager à faire disparaître votre fils...

— Et, ce parent, quel était-il?

— Le duc de B....

— Est-ce possible?...

— Non-seulement possible, mais certain, et de cela aussi j'ai la preuve, monseigneur...

— Voyons ces preuves...

— Voici, d'abord, le témoignage unanime et collectif de toute ma tribu.—Voici un acte authentique et irrécusable, rédigé à Venise par un membre du *Conseil des Dix*, deux *procurateurs* de Saint-Marc, deux *avogadors*, des *garanties civiles et criminelles*, et le chancelier de la sérénissime république, envoyés au lit de mort de mes parents, comme témoins et tabellion, pour recevoir leur déposition... — Cet acte fut fait en double et j'en mets sous vos yeux, monseigneur, une copie certifiée... — Voici, enfin, deux lettres écrites à mon père par votre parent, le duc de B..., lettres dans lesquelles il lui donne des ordres relatifs à l'enlèvement de votre enfant... — Lisez, monseigneur — examinez — jugez, et, ensuite, si vous le pouvez, doutez encore!...

Ainsi parla Ziska.

Le doute, en effet, n'était plus possible.

Jean de Courtenay put appuyer contre son cœur et couvrir de ses baisers et de ses larmes de joie ce fils qu'il avait tant pleuré, ce fils que Dieu lui rendait, en se servant de la jeune bohémienne comme d'un instrument docile.

Pierre de Courtenay, l'enfant volé par les zingaris, venait de retrouver un père — un nom — une haute position sociale — une immense fortune !...

Qui n'aurait cru, alors, que cet enfant était né sous une étoile bienveillante et protectrice ?

Hélas ! il n'en était rien !...

Le prince voulut récompenser splendidement Ziska.

La jeune fille n'accepta rien — elle embrassa Pierre en fondant en larmes, car elle avait conçu pour lui toute la tendresse d'une sœur, puis elle retourna rejoindre sa tribu nomade dans quelques contrées lointaines.

Jean de Courtenay sembla d'abord avoir retrouvé pour son fils toute son affection d'autrefois, et, pendant quelque temps, la présence de ce cher enfant dans l'hôtel apporta un grand changement dans les habitudes désordonnées du maître du logis.

Malheureusement, la gangrène, inoculée par le duc de B... dans l'âme du prince, était de celles qui ne se peuvent plus guérir, surtout chez un vieillard.

Peu à peu Jean de Courtenay reprit ses goûts de débauche et ses habitudes dépravées.

En même temps que la marée montante de cette lèpre morale l'envahissait de nouveau, son attachement paternel pour son enfant faisait place à une indifférence de plus en plus complète.

Bientôt Pierre ne tînt aucune place dans la vie et dans la pensée de son père qui ne le voyait presque jamais.

Ce n'est pas que le jeune homme manquât de quelque chose — au contraire.

Il était entouré d'un nombreux domestique — et des professeurs de tout genre ne négligeaient rien pour que son éducation fut aussi complète que brillante.

Pierre, en atteignant l'âge où l'enfance

finit pour faire place à l'adolescence, était un cavalier accompli.

Tout le monde s'en apercevait, excepté son père, et rien au monde ne semblait plus douloureux au jeune homme que la froideur que lui témoignait le prince.

Durant les trois dernières années de la vie de ce dernier, le père et le fils, quoiqu'habitant le même hôtel, ne se parlèrent pas dix fois par an.

Il est vrai que, pendant des mois entiers, Jean de Courtenay ne faisait, rue Payenne, que de rares et courtes apparitions.

Enfin le prince mourut.

On s'attendait à trouver, non pas une opulence princière, mais une belle fortune.

Cette attente fut complétement déçue.

Ainsi que nous l'avons appris déjà par une conversation du marquis de Louvois et du comte de La Châtre, les domaines avaient été vendus sous main et mystérieusement — l'hôtel était grevé d'hypothèques qui absorbaient sa valeur, et au-delà,

Il ne restait à Pierre de Courtenay que quelques meubles — ses effets personnels — trois chevaux — des livres, et une certaine quantité de bijoux assez beaux.

Le jeune prince vendit tout cela, et, s'armant d'un courage stoïque, il résolut de vivre avec les débris de cette opulence disparue.

Pas une plainte, pas un murmure ne s'échappèrent de ses lèvres, seulement une mélancolie profonde et qui semblait incurable s'empara de lui et ne le quitta plus.

FIN DE LA DEUXIÈME PARTIE.

TROISIÈME PARTIE

LES AMOURS D'UNE ROSE

Marcel.

Nos lecteurs se souviennent sans doute que nous avons laissé Nanette Lollier tout en larmes, dans le petit boudoir de son appartement de la rue Saint-Honoré.

Peu à peu, cependant — disions-nous à la

fin de l'un des premiers chapitres de la seconde partie de ce livre — cette émotion douloureuse s'usa, en raison même de sa violence.

Les larmes devinrent plus rares et coulèrent une à une, perles liquides, sur le satin animé de sa peau.

Les battements de son cœur soulevèrent moins impétueusement son beau sein.

Enfin, de même qu'après un orage, un coin de ciel bleu se montre à travers les nuages déchirés et promet le retour du beau temps, — de même, un rayon échappé des prunelles noyées encore de Nanette, annonça que le calme se ferait bientôt dans son âme.

D'où provenait cette crise de désespoir?

Comment se faisait-il que Nanette, maîtresse d'elle-même aussi longtemps que messieurs de Louvois et de La Châtre parlèrent du jeune seigneur auquel elle avait donné son cœur, mais sans prononcer son nom, ait été en quelque sorte foudroyée par une émotion toute puissante, aussitôt qu'elle avait appris que cet inconnu se nommait Pierre de Courtenay?

Quelle mystérieuse influence ce nom de Courtenay pouvait-il donc exercer sur Nanette la bouquetière?

Voilà ce que nous ignorons, quant à présent, mais ce que nous saurons peut-être plus tard.

Toujours est-il que, peu à peu, le violent chagrin de Nanette dégénéra en une rêverie, qui — pour être peut-être un peu triste — ne manquait cependant point de douceur.

Cette rêverie fut interrompue brusquement, et d'une façon à laquelle la jeune fille s'attendait si peu qu'elle jeta un cri.

C'est qu'un beau jeune homme, entré furtivement dans le boudoir et qui s'était approché de Nanette assez doucement pour ne point éveiller son attention, venait de déposer un baiser sur la main blanche et effilée qui soutenait une tête charmante.

Nanette, irritée autant que surprise, se retourna vivement.

Mais un tendre sourire fit place aussitôt à la stupeur impatiente et elle tendit la main au téméraire, qui n'était autre que son frère Marcel, celui qui lui ressemblait tellement qu'habillés de la même façon on aurait pu les prendre l'un pour l'autre.

Nous avons dit que ce jeune homme était entré chez M. Panckoucke, l'éditeur de l'Encyclopédie.

Là, il voyait fréquemment les littérateurs de l'époque, et, dans le commerce de ces beaux esprits, il avait pris des manières si polies et si agréables, qu'il paraissait bien plutôt un jeune homme de la caste aristocratique qu'un simple apprenti imprimeur.

En outre, son intelligence, naturellement

développée, s'était formée et agrandie par les conversations d'une société lettrée et par la lecture assidue des classiques.

De tous les enfants d'André Lollier et de Marie-Jeanne, c'étaient Marcel et Nanette qui se sentaient attirés l'un vers l'autre par les liens d'une plus tendre affection.

— Ils auraient dû naître jumeaux! — s'écriait quelque fois la bonne mère Lollier — ils s'aiment tant et ils se ressemblent si fort!...

— Mon bon Marcel — dit Nanette en souriant — sais-tu bien que tu m'as fait grand' peur...

— Moi, chère petite sœur!... et pourquoi?...

— Dam !... ce baiser...

— Un baiser n'a rien d'effrayant !...

— J'en conviens, — mais je ne savais pas que ce fut toi...

— Tu devais t'en douter...

— Mon Dieu, non... — au contraire...

— Au contraire !...

— Oui.

— Et, pourquoi ?

—Les frères, d'habitude, ne baisent guère la main de leurs sœurs... ils gardent cette galanterie pour leurs fiancées...

— Je n'aurai jamais de fiancée qui ait d'aussi jolis doigts que ceux de ma petite sœur Nanette...

— Flatteur !...

— Ah ! tu le sais bien !...

— Moi ? — par exemple !!...

— Allons, allons, Nanette, ne sois pas modeste comme la violette... une fleur charmante, j'en conviens, mais moins humble qu'on ne le pense, car, si elle prend soin de se cacher, elle trahit sa présence par son parfum...

— Et tu trouves que je lui ressemble ? — dit la jeune fille en riant.

— Sans doute—répondit Marcel du même ton — à cela près, cependant, que tu ne te caches pas...

— Cela me serait difficile.

— Je le crois bien!... — Figures-toi, petite sœur, que si tu disparaissais tout à coup, il y aurait un véritable tumulte dans Paris...

— A mon sujet?

— Oui, certes, à ton sujet!

— Tu plaisantes?

— En aucune façon. — On ne s'occupe que de toi — on ne pense qu'à toi — on ne parle que de toi... — jusque chez les encyclopédistes...

— Va-t'on m'imprimer toute vive, par hasard?—demanda Nanette avec un sourire.

— Ma foi, je ne dirais pas non! — Figures-toi que, ce matin, j'ai assisté, à ton sujet, au débat le plus original...

— Ah! vraiment? — et où donc cela?...

— C'était chez M. Diderot — répondit Marcel avec un indicible sentiment d'orgueil — chez M. Diderot lui-même, le grand homme, l'illustre écrivain, l'immortel auteur des *Bijoux indiscrets*, de *Jacques le fataliste*, du *Neveu de Rameau*, de *la Religieuse* et de tant d'autres chefs-d'œuvres...

— Ah! tu vas chez M. Diderot?

— Sans doute — il me reçoit même avec

la plus grande bonté — quoiqu'il ignore que je sois ton frère — ce qui serait un titre...

— Enfin?

— Bref, je lui portais de la copie qu'il avait redemandée pour une correction...— il avait dans son salon une quantité de gens de lettres et de grands seigneurs... — c'étaient le comte de Lauraguais... le connais-tu?...

— Que trop! — il m'a poursuivie de ses fades et insupportables adulations pendant quinze jours...

— Ah! ah!... eh bien! ce que tu me dis ne m'étonne point!

— Pourquoi?

— Tu le verras tout à l'heure. — Je reprends : — il y avait encore le duc de Nivernais, M. de Marmontel, M. le baron d'Holbach… les connais-tu ?

— A peu près tous.

— Et enfin — poursuivit Marcel avec enthousiasme — et enfin, le beau, le charmant, l'excellent prince de Courtenay… un jeune homme que j'aime de toute mon âme, par exemple, et pour qui je donnerais mon sang !... — le connais-tu aussi, celui-là ?

Nanette appuya la main sur son cœur, pour en comprimer les battements impétueux.

Après une ou deux secondes de silence, elle balbutia d'une voix tremblante :

— Oui... oui... je le connais aussi... continue...

Marcel ne se fit pas prier.

— Quand j'arrivai — dit-il — on parlait de Nanette, de *Nanette la belle bouquetière*, de Nanette, *la Perle du Palais-Royal*... — Les amis de M. Diderot me prenaient tout simplement pour le *singe* de notre imprimerie, et ne se gênèrent point pour continuer devant moi l'entretien commencé... — C'est le comte de Lauraguais qui parlait, — et, je dois l'avouer, il t'attaquait avec plus de méchanceté que d'esprit. — « Ma foi, non, messieurs — disait-il — je ne crois point à la vertu de Nanette la bouquetière — elle est trop jolie pour être sage — elle a eu des amants, elle en a, elle en aura — chacun le dit, chacun le croit, et je fais comme tout le monde...

— Quelle horreur! — s'écria Nanette — un gentilhomme calomnier une pauvre fille parce qu'elle n'a pas voulu l'écouter!... ah! c'est bien mal!... ah! c'est bien lâche!...

— Attends... attends! — reprit Marcel — tu vas voir... — M. de Lauraguais, pendant quelques minutes, continua sur ce ton, — j'étais sur les épines, — je souffrais horriblement — je me sentais pâlir et rougir — j'allais trahir mon incognito, prendre ta défense et dire son fait à ce vilain comte... et d'une façon assez leste, je t'en réponds, mais, heureusement, je n'eus pas besoin d'en venir là...

II

Un défenseur.

— Que se passa-t-il donc ? — balbutia Nanette, qui, haletante, respirant à peine, écoutait ce récit avec un intérêt et une anxiété faciles à comprendre.

— Ce qui se passa, ma sœur ? — écoute :

— Le comte de Lauraguais avait à peine fini de débiter ses sots et méchants propos, lorsque le prince de Courtenay, ce bon et admirable jeune homme, se leva. — Il était pâle, je t'assure, encore plus pâle qu'à l'ordinaire, et ses grands yeux noirs, qui sont presque aussi beaux que les tiens, lançaient des éclairs...

« — Non, monsieur le comte — s'écria-t-il — chacun ne dit pas, chacun ne croit pas que Nanette ait des amants, car, pour si méchant que soit le monde, il ne calomnie point la vertu la plus pure!... — Comment pouvez-vous, sans rougir, répéter les contes odieux inventés par quelques libertins désœuvrés, qui se vengent sans dont ainsi des dédains de Nanette!... — Laissez-leur ce triste passe-temps, monsieur; il est indigne de vous — il est indigne de tout honnête homme!... — Nanette est sage autant que belle, je le prétends, je le soutiens, et je le soutiendrai envers et contre tous!...

— Il a dit cela! il a dit cela!... — murmura Nanette en levant les yeux vers le ciel avec une sublime expression d'ivresse. — Oh! noble cœur! noble cœur!...

— J'ai retenu son discours mot pour mot — répliqua Marcel — et je ne crois pas y changer seulement une virgule en te le répétant... — Ce bon prince!... ah! ma foi, je l'aurais embrassé bien volontiers, je te jure!...

— Et le comte de Lauraguais, qu'a-t-il répondu ?

— Sa vilaine figure a pris une expression de sarcasme et d'ironie ; — il a souri d'un sourire faux et méchant, et il a dit :

« — Ainsi, cher prince, vous vous faites le chevalier de mademoiselle Nanette ?...

» — Oui, monsieur — a répondu le prince.

» — Une bouquetière !...

» — Une bouquetière vaut plus qu'une duchesse, quand la bouquetière est honnête et quand la duchesse ne l'est pas !...

» — Ainsi, don Quichotte d'un nouveau genre, vous allez rompre des lances pour cette vertu plébéienne ?...

» — Je suis du moins prêt à mesurer mon épée avec celles de tous ceux qui l'attaqueraient!...

» — Vous vous fâchez, prince, — donc vous avez tort!...

» — Je ne me fâche pas, monsieur, je m'indigne!...

» — C'est la même chose.

» — Non pas.

» — Mais, cette vertu que vous défendez, prouvez-la.

» — C'est bien facile.

» — En vérité? — Eh bien! j'attends.

» — Ne disiez-vous pas, monsieur le comte, tout à l'heure, que chacun, dans Paris, parlait des amours de Nanette?...

» — Je l'ai dit et je le répète.

» — Eh bien! précisez un peu plus. — Ces amants doivent être connus; — qui nomme-t-on?...

» M. de Lauraguais baissa la tête et, après un instant d'hésitation, répondit :

» — On ne nomme personne, mais la rumeur publique... *vox populi...*

» Le prince de Courtenay interrompit le comte.

» — Assez, monsieur — dit-il sévèrement — vous êtes vaincu et vaincu avec vos propres armes.— Si Nanette avait un amant, tout Paris, dès ce soir, saurait le nom du bienheureux ; mais jusqu'à présent, vous pouvez m'en croire, il ne se trouve dans aucune légende !...

» Puis le prince se tournant vers les assistants, ajouta :

» — Ai-je raison, messieurs?... — Vous êtes des juges impartiaux autant qu'éclairés, je m'en rapporte à vous...

» —Oui, prince, dix fois raison ! — s'écrièrent le baron d'Holbach, le duc de Nivernais et M. de Marmontel.

» M. Diderot, lui, ne répondit qu'en

prenant la main du prince et qu'en la serrant...

Mais cela voulait tout dire, n'est-ce pas, ma petite sœur?...

Cette question de Marcel n'obtint pas de réponse.

Nanette pleurait.

Mais comme ces larmes étaient douces! comme elles s'échappaient délicieusement de son cœur rempli d'une ardente joie!...

Au sourire qui resplendissait sur l'adorable visage de sa sœur chérie, Marcel comprit que, malgré ses larmes, elle n'avait pas besoin d'être consolée, et il poursuivit :

« Quant à M. de Lauraguais, honteux et confus de sa défaite et de la rude leçon qu'il venait de recevoir, il n'ajouta plus un seul mot et il ne tarda pas à se retirer.

» Aussitôt après son départ, le prince reçut d'unanimes félicitations sur sa conduite généreuse et chevaleresque.

» — Cher prince ! — s'écria monsieur Diderot — il vous a railleusement appelé *don Quichotte !* — Quel éloge !... — Don Quichotte était un fou, c'est vrai, mais quelle noble et généreuse folie que la sienne, et combien cette folie valait mieux que la froide raison de notre siècle !...

— Et, que répondit M. de Courtenay à tout cela ? — demanda Nanette.

— Je n'en sais rien.

— Comment ?

— Non, en vérité. — M. Diderot qui jusqu'alors n'avait pas fait attention à moi, s'aperçut de ma présence. — Il me prit la copie et les épreuves que j'apportais, et me congédia... — Mais j'en avais entendu bien assez, et je sortis, enchanté de ce qui venait de se passer et tout joyeux de pouvoir te le redire... — T'ai-je fait plaisir, petite sœur ?...

— Mieux que cela, mon bon Marcel...

— Mieux que cela !...

— Oui, tu m'as rendue heureuse... bien heureuse !...

— Ah ! bah ! et pourquoi ?...

Nanette hésita et rougit.

Mais Marcel, avec l'étourderie de son âge, ne s'aperçut ni de son hésitation ni de sa rougeur.

— Pourquoi ? — répondit-elle enfin — parce que, si quelques méchants m'attaquent, j'ai pour moi tous les nobles cœurs !

— Tu as bien raison ! — répliqua Marcel.

Puis il reprit avec une impitoyable naïveté :

— Quant à moi, parmi les nobles cœurs, je n'en connais pas de plus noble que celui de ce jeune prince de Courtenay...

Nanette garda le silence.

Son sein trop ému battait à rompre le frêle rempart des baleines de son corset.

— Est-ce que tu n'es pas de mon avis, petite sœur? — demanda Marcel.

— Oh! si... — balbutia Nanette.

— Tu m'as dit, je crois, que tu connaissais le prince?...

— Oui, en effet...

— Je comprends, tu le connais de vue... — ou tu l'auras rencontré en passant... — Peut-être ne l'as-tu remarqué qu'à peine.. Mais si tu le voyais de près... si tu l'entendais parler... si tu pouvais lire dans ses yeux où se peint toute la beauté de son âme, je suis bien sûr, petite sœur, que tu l'aimerais autant que je l'aime... — Mais, mon Dieu, qu'as-tu donc ?... tu pâlis...

Les joues de Nanette, en effet, devenaient blanches comme les pétales veloutés du lis.

Une trop grande émotion étouffait la pauvre enfant.

— Est-ce que tu souffres ?... — s'écria Marcel ; — veux-tu que j'appelle ma mère ou mes sœurs ?...

— Non !.. non !... — répondit vivement la jeune fille — cela va mieux — beaucoup mieux... — c'est fini ..

Et, en effet, elle reprenait peu à peu ses couleurs habituelles.

Marcel retrouva en même temps son insouciance accoutumée.

— Tu ne sais pas — dit-il — petite sœur — une idée m'était venue...

— Une idée ?...

— Oui, et que je crois bonne...

— A quel sujet ?

— Au sujet du jeune prince de Courtenay...

Nanette n'interrompit plus.

Marcel poursuivit :

— J'ai pensé qu'après ce qui s'était passé ce matin — après la manière dont le prince a pris ta défense — ce serait faire preuve d'une véritable ingratitude que de ne lui point témoigner ta reconnaissance...

— Et comment le pourrais-je faire, mon Dieu? — s'écria Nanette.

— Rien n'est plus facile.

— Ah! tu trouves?...

— Sans doute; — c'est ici l'intention qui sera tout. — Envoie-lui, tout simplement, un bouquet de tes plus belles fleurs... — Je te réponds qu'il en sera flatté...

— Je n'oserais jamais... — murmura Nanette.

— Enfant! — dit Marcel avec un petit air de supériorité comique — et si je me chargeais de les lui remettre?...

— Toi, mon frère?...

— Moi-même. — J'ai une occasion excellente..

— Tu vas donc chez lui?...

— Je n'y suis jamais allé, mais j'irai demain matin. — Je lui porte un magnifique exemplaire de notre édition in-folio du *Télémaque*, avec gravures de Bernard Picart, — reliure en maroquin rouge — tranches dorées — armoiries des Courtenay sur les couvertures; — c'est une galanterie de M. Panckoucke — un cadeau princier... —

Tu vois que rien ne me serait plus facile que de remettre les fleurs en même temps... sans compter que cela me fournirait l'occasion de dire au prince que je suis ton frère... ce qui me serait fort agréable... et je ne manquerais point de le remercier de ta part en un petit compliment très bien tourné...

— Mais — demanda Nanette, préoccupée en ce moment d'une idée fixe — puisque tu vas chez lui demain, tu dois savoir où il demeure...

— Si je le sais?... oui, sans doute. — Rue Culture-Sainte-Catherine — hôtel Carnavalet. — Le vieux prince de Courtenay, le père de celui-ci, avait un superbe hôtel, rue

Payenne; — mais il paraît qu'avant de mourir il a complètement ruiné ou deshérité son fils... on ne sait ni comment ni pourquoi... — Toujours est-il que cet excellent jeune prince est pauvre — et c'est bien dommage, car je lui souhaiterais, moi, une fortune de roi!... — Je suis bien sûr qu'il en ferait bon usage... — Qu'en penses-tu, ma sœur?... — Mais, que je suis sot!... — tu ne peux rien en penser... Tu ne le connais point assez pour avoir une opinion sur son compte...

Nanette se contenta d'incliner la tête en signe d'adhésion.

— Enfin — poursuivit Marcel — j'en reviens à mon idée... — Décidément l'approuves-tu?...

— Quelle idée ?...

— Celle du bouquet dont tu me chargerais pour le prince ?...

— Non, mon bon frère, je crois qu'il vaut mieux n'en rien faire...

— Je t'assure, pourtant...

Nanette l'interrompit.

— Je t'en prie — dit-elle — n'insiste pas ; — tu me ferais de la peine...

— Alors, n'en parlons plus, petite sœur... *n i ni*, c'est fini... — Prenons que je n'ai rien dit...

Mais, tout bas, le jeune homme ajouta :

— C'est dommage !...

III

Une matinée.

Nanette avait hâte de rester seule.

Elle trouva moyen d'éloigner son frère, et, aussitôt que le jeune homme se fut retiré, elle ferma au verrou la porte de son boudoir, afin d'être bien certaine que personne ne viendrait l'y surprendre.

Ensuite, se laissant tomber sur un siége, elle s'enfonça dans une méditation qui dura longtemps et qui devait être douce, à en juger du moins par l'expression du visage de la jeune fille.

Cette rêverie, pourtant, eut un terme.

Nanette se leva.

Elle ouvrit un petit meuble en bois de rose, elle y prit du papier, de l'encre, des plumes, et elle se mit à écrire avec une vivacité fébrile.

Quand elle eut achevé, elle relut les lignes un peu irrégulières qui couvraient presqu'entièrement une grande feuille de papier.

Sans doute, elle n'en fut pas satisfaite, car elle déchira cette page et en recommença une autre.

Trois fois de suite elle sacrifia de la même façon ses essais infructueux.

Enfin, la quatrième lettre lui parut de tout point convenable. — Elle ne la déchira pas, et, pliant le papier en quatre, elle l'introduisit dans une large enveloppe.

Elle traça l'adresse sur cette enveloppe, puis, sans cacheter, elle remit le tout dans le petit meuble de bois de rose qu'elle referma soigneusement.

Ceci terminé, Nanette alla rejoindre sa famille, avec laquelle elle passa, comme de coutume, la soirée, et, à la voir si douce et si bonne, si gracieuse et si franchement gaie, il aurait été impossible de soupçonner les émotions violentes qui l'avaient assaillie pendant cette journée.

§

Le lendemain matin, vers dix heures, le prince Pierre Courtenay était seul dans le très humble appartement qu'il occupait, rue Culture-Sainte-Catherine, hôtel de Carnavalet.

Son unique domestique, vieux valet de chambre qui était au service de la maison de Courtenay depuis plus de quarante ans, et qui restait attaché au jeune prince bien plus par dévoûment que pour toucher les gages modiques que Pierre pouvait lui donner, introduisit auprès de son maître le comte de La Châtre.

Pierre de Courtenay tenait M. de La Châtre en grande estime à cause de la franchise communicative de son caractère, et surtou à cause de la loyauté dont il ne se départissait jamais, même au milieu des excès et des erreurs d'une vie légère et dissolue.

Après avoir échangé les premiers compliments, les deux gentilshommes s'assirent, et M. de La Châtre, non sans un embarras visible, entama l'entretien en ces termes :

— Je vais, mon cher prince, aborder

avec vous un sujet d'une délicatesse infinie... — je vais marcher sur un terrain brûlant... — J'hésite... j'hésite beaucoup avant de vous apprendre le véritable motif qui m'a conduit chez vous ce matin... — je voudrais être bien certain que vous ne regarderez point comme indiscrètes les paroles qui vont s'échapper de mon cœur pour s'adresser au vôtre...

— Mais — répondit Pierre de Courtenay, un peu étonné de ce début mystérieux — s'il ne faut que cette assurance pour vous rassurer entièrement, je vous la donne bien volontiers, mon cher comte...

— Alors, j'entre en matière nettement et sans préambule...

— C'est toujours, selon moi, la meilleure manière de procéder.

— Vous vous rappelez notre rencontre d'hier matin dans le jardin du Palais-Royal?..

— Elle m'a été trop agréable pour en avoir si vite perdu le souvenir...

— Vous souvenez-vous aussi, cher prince, des quelques paroles échangées entre nous?..

— Sans doute — le marquis de Louvois et vous, vous m'engagiez à me présenter à la cour, et vous blâmiez fortement ma résolution de n'y point paraître... — Est-ce ce sujet-là que nous devons encore traiter aujourd'hui?...

— Précisément.

— Alors, cher comte — dit M. de Courtenay en souriant — il est bon de vous prévenir d'avance que ma décision est irrévocable... — Renoncez donc à l'ébranler, je vous le conseille...

M. de La Châtre secoua la tête.

— C'est ici que ce que j'ai à vous proposer devient épineux.. — fit-il.

— Epineux?

— Oui, et beaucoup.

— En quoi?

— Allons, du courage! — Je me risque...
— Eh bien! cher prince, j'ai cru deviner

sur quoi se basait cette irrévocable décision dont vous parlez...

Pierre de Courtenay rougit légèrement.

Le comte de La Châtre poursuivit :

— N'est-il pas vrai que, si vous refusez de paraître à la cour où votre nom et votre rang vous appellent, c'est parce que votre fortune actuelle ne vous permettrait point de le faire d'une façon digne de vous?...

— C'est vrai — répondit Pierre après un instant de silence — c'est vrai, je suis pauvre, et les pauvres doivent se faire oublier... — J'espère que la pitié est un sentiment que je n'inspirerai jamais!...

— Moi — continua M. de La Châtre — je suis riche — trop riche même, car, au dire de tous les gens de bon sens, je fais de mes revenus un usage déplorable... — Or, j'ai une très humble requête à vous adresser...

— Laquelle, cher comte?...

— Permettez-moi de mettre à votre disposition — oh! à titre de prêt bien entendu, — telle somme qui vous sera nécessaire pour faire une brillante figure et mener un état de prince... — En repoussant cette prière, vous me désobligeriez infiniment?....

Pierre de Courtenay prit la main du comte de La Châtre, et la serra fortement à plusieurs reprises.

— Merci — murmura-t-il avec émotion — merci, cher comte... vous êtes un ami... un véritable ami...

— Et, vous acceptez?... — s'écria joyeusement le gentilhomme.

— Non. — Je refuse.

— Vous refusez?...

— Formellement.

— Et, pourquoi?

— Parce que mes principes m'interdisent d'emprunter une somme que, peut-être, je ne pourrais rendre jamais...

— Jamais!... — Mais vous n'y pensez pas!...

— J'y pense, au contraire, et c'est ce qui me décide à refuser.

— Songez donc que le roi vous connaît déjà, par tout le bien qui lui a été dit à votre sujet... — songez qu'il a parlé de vous avec intérêt... — Qu'à peine auriez-vous paru à la cour que les grâces, les faveurs, les dignités, les emplois fondraient sur vous — que votre fortune serait faite et qu'un mariage digne de votre position vous permettrait de rendre au nom de Courtenay son antique splendeur...

— Ce mirage est séduisant, je n'en disconviens point — répliqua Pierre — mais, à l'avenir tel que vous venez de le peindre, je préfère, mon ami, les tristes et froides réalités du présent...

— C'est de la folie, cher prince!...

— Peut-être... — pensez que je suis fou, si vous voulez, mais dites-vous bien que cette folie n'exclut point de mon cœur la reconnaissance, et que je n'oublierai jamais l'offre généreuse que votre affection pour moi vous a dictée... — entre nous, comte, désormais, c'est à la vie et à la mort!...

— Mais, en attendant, vous refusez !...

— Il le faut, et j'attends une nouvelle preuve de votre amitié — c'est de ne plus revenir sur ce chapitre, car il m'en coûte beaucoup de vous résister, si fermement résolu que je sois à le faire jusqu'au bout...

— Soit, cher prince... — mais j'espérais mieux...

En ce moment, et comme s'il arrivait pour fournir une transition facile à un autre entretien, le vieux valet de chambre entra.

— Monseigneur — dit-il — il y a dans l'antichambre un jeune homme qui se présente de la part de M. Panckoucke...

— Faites entrer... — répondit le prince.

Le valet de chambre revint, conduisant Marcel, qui, rouge comme une pivoine, portait sous son bras, soigneusement enveloppé, le magnifique exemplaire du *Télémaque* dont nous l'avons entendu parler la veille à Nanette.

— Mon ami — lui dit le prince — vous venez de la part de M. Panckoucke ?...

— Oui, monseigneur... — balbutia Marcel — M. Panckoucke, mon patron, prie monseigneur de vouloir bien agréer l'hommage de ce livre...

Et, tout en parlant, le jeune homme démaillotait de ses quadruples langes de papier le splendide volume qu'il présenta à Pierre de Courtenay, éblouissant sous son maroquin rouge armorié et sous ses tranches dorées.

— Mais — s'écria Pierre — c'est là un présent royal!...

— A peine digne de vous, monseigneur... — articula Marcel fort peu distinctement.

— Voyez donc, mon cher comte — reprit Pierre en s'adressant à M. de La Châtre — voyez quelle admirable édition! — quel caractère!.. — quelles gravures!...

— En effet, cela est fort beau... — répliqua froidement La Châtre — qui n'était ni un érudit, ni un bibliophile, loin de là!..

Le prince de Courtenay admira avec enthousiasme pendant quelques instants encore.

Puis il dit à Marcel :

— Je me réserve d'aller, aujourd'hui même, témoigner à M. Panckoucke combien son beau présent m'est agréable... — Quant à vous, mon ami, prenez ceci, je vous prie...

Et il voulut mettre un double louis d'or dans la main de Marcel.

Mais ce dernier, plus rouge que jamais, se recula vivement.

— N'acceptez-vous donc pas cette bagatelle ? — demanda Pierre, fort étonné.

— Oh ! monseigneur... — s'écria Marcel — si j'osais...

— Osez, mon ami.

— Il est une chose qui me serait mille fois plus agréable que tout l'or du monde...

— Une chose qui dépend de moi ?...

— Oui, monseigneur — de vous seul...

— Et, c'est ?...

— C'est d'avoir l'insigne honneur de vous baiser la main...

— Me baiser la main !... — répéta le prince stupéfait — mais, pourquoi ?

— Ah ! monseigneur, je vous aime tant !..

— Vous m'aimez ?... — Mais, mon ami, vous ne me connaissez pas !...

— Oh ! si, monseigneur, je vous connais bien !... et, ainsi que je le disais hier à ma sœur, je donnerais ma vie pour vous !...

IV

Une parente inconnue.

Pierre de Courtenay, en entendant ces paroles prononcées avec l'exaltation la plus chaleureuse, se demanda très sérieusement si il avait affaire à un fou.

Pour la première fois, il regarda son interlocuteur bien en face, afin de chercher à saisir sur sa figure quelques symptômes de démence.

Le regard qu'il jeta sur Marcel le fit tressaillir.

Dans les traits de ce charmant visage, il croyait retrouver une image qu'il portait gravée au plus profond de son cœur.

— Vous avez parlé de votre sœur, ce me semble, mon ami?... — demanda-t-il.

— Oui, monseigneur.

— Est-ce que je la connais?

— Oh! oui, monseigneur, vous la connaissez.. et, quoiqu'elle m'ait défendu de vous le dire, elle vous est joliment reconnaissante aussi, allez, monseigneur!...

— Reconnaissante? — répéta Pierre — et, de quoi?...

— De ce que vous avez fait pour elle hier...

—Hier!!...

—Monseigneur, je vois que vous ne me comprenez pas... mais un mot vous expliquera tout... — J'étais hier chez M. Diderot, en même temps que vous, monseigneur, et je suis le frère de Nanette Lollier que vous avez si généreusement défendue...

— Mon ami — répondit le prince de Courtenay très ému — je n'ai fait que ce que méritait votre charmante sœur...

— C'est vrai, monseigneur, car Nanette est un ange, et digne de tous les respects...
— Mais, combien d'autres, à votre place, n'auraient pas daigné prendre le parti d'une pauvre fille... d'une bouquetière!... ainsi que le disait ce comte de Lauraguais, avant que vous l'ayez réduit au silence!... — Ah! c'est bien beau et bien grand, ce que vous avez fait là, monseigneur !... et c'est depuis ce moment-là que je vous aime!... — A côté de mon dévoûment pour vous, la tendresse d'Oreste pour Pylade, de Pythias pour Damon, et de tous les héros de l'antiquité les uns pour les autres, est fort peu de

chose !... — Je sais bien que vous n'avez que faire de mon dévoûment !... — Je sais bien que vous êtes un grand seigneur, et que je ne suis, moi, qu'un pauvre diable d'apprenti... — Mais s'il fallait mourir pour vous, je serais là, monseigneur !...

Marcel se tut.

Ses joues enflammées, sa poitrine haletante, témoignaient des impétueuses pulsations de son cœur, en même temps que ses regards étincelants attestaient la profondeur et la sincérité de son émotion.

Il était, ainsi, d'une beauté presque surhumaine.

Pierre de Courtenay le regarda pendant un instant, en silence.

— Votre affection, votre dévoûment, noble enfant — lui dit-il ensuite — je les accepte et j'en suis fier!... — Ce n'est pas ma main que je vous donne à baiser — ce sont mes bras que je vous ouvre, et je veux vous presser sur mon cœur...

Marcel poussa un cri de joie.

Il s'élança au cou du prince et il l'embrassa avec effusion et avec larmes.

Pierre se tourna vers le comte de La Châtre.

— Voilà ce qu'ils sont — fit-il en lui montrant Marcel — voilà ce qu'ils sont, ces fils du peuple, que des gentilshommes comme Lauraguais dédaignent et méprisent!...

Ensuite il reprit, en s'adressant au jeune homme :

— Ainsi, mon ami, vous avez raconté à votre sœur la scène dont vous avez été témoin hier chez Diderot?...

— Oui, monseigneur.

— Lui avez-vous tout dit?

— Tout absolument.

— Et, qu'a-t-elle répondu?

— Elle a pleuré, monseigneur...

— De chagrin de se voir ainsi attaquée, sans doute?...

— Non, monseigneur, de joie de se voir ainsi défendue...

— Vous m'avez nommé à elle?

— Pouvais-je faire autrement, monseigneur?...

— Mais, elle ne me connaît pas sans doute?...

— Pardon, monseigneur, elle vous connaît.

— Vous en êtes sûr?

— Elle me l'a dit.

— Ah!... — murmura le prince en devenant rêveur.

Pour la troisième fois, depuis que nous avons introduit nos lecteurs dans le logis de la rue Culture-Sainte-Catherine, le vieux valet de chambre entra dans la pièce où se trouvaient nos personnages.

Sur un plat d'étain, très brillant et qui jouait l'argent à s'y méprendre, il portait une large enveloppe, fort épaisse, qu'il présenta respectueusement au prince, en disant :

— Une lettre très pressée, qu'on vient d'apporter à l'instant même pour monseigneur...

Pierre de Courtenay prit l'enveloppe.

Elle était scellée d'un large cachet de cire

rouge. — L'empreinte des armoiries paraissait avoir été effacée à dessein, tandis que la cire était encore chaude.

Pourtant il sembla au prince que, parmi ces lignes confuses, il reconnaissait les armes de sa maison.

— Vous permettez? — demanda-t-il en s'adressant au comte La Châtre.

— Comment donc! — s'écria ce dernier — mais, je vous en prie!...

Pierre, fort intrigué, déchira l'enveloppe.

Un papier plié en quatre s'en échappa, en même temps qu'un grand nombre de *billets au porteur*, signés par MM. les fermiers-généraux et qui étaient les billets de banque de l'époque.

Le prince déploya le papier et il en parcourant vivement le contenu.

A mesure qu'il lisait, un étonnement de plus en plus profond se peignait sur son visage.

Quand il eut achevé, il compta les billets de caisse.

— Étrange! — murmura-t-il — incompréhensible!...

— Qu'est-ce donc? — demanda le comte de La Châtre — un héritage, cher prince?...

— Ecoutez — répondit Pierre.

Et, reprenant la lettre, qu'il avait posée sur une table à côté de lui, il lut tout haut les lignes suivantes :

« Mon cher cousin,

» Je suis vieille, sans enfants, et, quoique vous ne me connaissiez pas, votre proche parente.

» Je m'afflige, plus que je ne saurais vous le dire, de vous voir si loin de la place que vous devriez occuper et à laquelle vous donnent tant de droits votre naissance, votre figure et votre mérite...

» Faut-il que vous viviez à Paris, dans l'obscurité, lorsque tant de gens, de moindre qualité, font les délices de Versailles et de la cour...

» Je ne puis souffrir, sans m'en irriter,

une injustice aussi révoltante et j'y veux absolument remédier.

» Vous êtes pauvre, mon cher cousin, et moi je suis riche. — Vous êtes jeune et je suis vieille. — Mon âge m'interdit tous les plaisirs qu'on recherche au vôtre...

» Permettez-moi donc, en considération des rapports de sang qui nous unissent, de vous offrir une partie de ce qui est le superflu pour moi, et, de ce qui est pour vous, de nécessité absolue. — Ce n'est d'ailleurs, à proprement parler, qu'un avancement d'hoirie, car ma résolution bien arrêtée est de vous laisser toute ma fortune par un testament en bonne forme.

» Au premier jour de chaque mois, il

vous sera remis, de ma part, une somme de quatre mille livres, et, cette fois, qui est la première, je vous envoie vingt-quatre mille livres, qui suffiront peut-être aux frais indispensables d'un établissement convenable.

» J'ai, quant à présent, mon cher cousin, des raisons majeures de ne me point faire connaître de vous... — Ces raisons peuvent subsister longtemps, comme aussi, d'un jour à l'autre, elles peuvent cesser d'exister.

» Je vous prie donc de vouloir bien ne faire, ni faire faire aucune démarche pour pénétrer le mystère dont je juge indispensable de m'entourer. — Ceci est mon désir et ma volonté.

» Sur ce, mon cher cousin, je vous adjure de ne point douter de mes sentiments à votre égard, et je prie Dieu qu'il vous ait en sa sainte et bonne garde. »

Il n'y avait ni signature ni lettres initiales. — Rien.

— Eh bien ? — demanda Pierre de Courtenay au comte de La Châtre — vous avez entendu. — Qu'en pensez-vous ?...

— Par ma foi ! — répliqua le comte — je dis que vous avez là une bien admirable et bien précieuse parente inconnue, et que, quand bien même elle ne tiendrait aux Courtenay que de fort loin et quelque peu de la main gauche, je vous conseillerais de la reconnaître comme vôtre, sans hésiter ! — Recevez mes compliments, mon cher prince — il était écrit là-haut que la fortune vous sourirait aujourd'hui !...

— Mais, cette fortune — répondit Pierre — je n'ai pas dit que je l'acceptais...

— Comment ?... comment ? — s'écria le comte — que voulez-vous dire...

— Songez que j'ignore quelle est, au vrai, la source de cet argent...

— Mais, pas le moins du monde !... Vous le savez à merveille, au contraire !... — Cette source, digne d'éloge, est une vieille et respectable parente. — Son épître en fait foi !...

— Puis-je croire à une parenté dont je n'ai jamais entendu parler?...

— Eh! qu'importe?... — La parenté n'est pas douteuse, puisque l'honorable dame vous appelle : *mon cousin*, et vous institue son héritier universel...

— Vous avez beau dire, cher comte... — tout ceci n'est pas clair, et je ne sais si je dois...

— Ah! vous m'impatientez à la fin!... — interrompit brusquement La Châtre — vous perdez la tête, cher prince, avec vos scrupules!... — je pense me connaître en délicatesse, et je déclare, sur mon honneur, que la vôtre n'a pas le sens commun... —

si vous refusez de me croire, je ne vous reverrai de ma vie...

— Quel feu! — répliqua Pierre en souriant — allons, peut-être avez-vous raison, mais, dans une conjoncture aussi grave, deux avis valent mieux qu'un... — je verrai, je consulterai...

— Voyez donc et consultez... seulement je déclare d'avance plats bélîtres et sots personnages, ceux qui ne seront pas de mon avis!...

La conversation en resta là.

M. de La Chatre prit congé du prince, et Marcel, après avoir causé avec lui encore un instant et avoir répondu à mille questions faites à propos de Nanette, se retira, la joie dans le cœur.

§

Ainsi qu'il l'avait dit à M. de La Châtre, Pierre de Courtenay consulta en effet.

Il s'adressa à deux très graves et très illustrissimes personnages, juges compétents en ces matières, le comte de Brosses et le président de Montesquieu.

Tous deux s'accordèrent pour blâmer l'excès d'une délicatesse très louable sans doute, mais déplacée en semblable occurence.

L'opinion de ces autorités irrécusables

— opinion si conforme à celle de M. de La Châtre — convainquit Pierre de Courtenay.

Il fit à bonne fortune bon cœur.

Désormais son existence changea du tout au tout — il était riche.

On le vit paraître dans l'équipage le plus brillant — il se présenta à la cour et le roi l'accueillit avec une faveur marquée.

Chaque jour ajoutait à ses succès — chaque jour il devenait de plus en plus à la mode.

Une seule chose étonnait outre mesure ses amis : — Pierre de Courtenay, jeune, beau et recherché comme il l'était, ne se montrait empressé auprès d'aucune femme — on ne lui connaissait pas de maîtresse, et toutes les tentatives faites pour le sonder à cet égard restaient infructueuses.

Ajoutons que chaque matin — à l'heure accoutumée — Pierre de Courtenay venait au jardin du Palais-Royal — s'approchait de Nanette, sans prononcer une parole, lui prenait un bouquet qu'il payait six livres — une simple fleur le plus souvent — et que, pendant tout le reste de la journée, il portait ce bouquet à sa main, ou cette fleur à sa boutonnière.

V

Une avis anonyme.

Un matin, au moment où Nanette s'apprêtait à sortir comme de coutume, on frappa doucement à sa porte.

— Qui est là ? — demanda-t-elle.

— Moi, petite sœur — répondit la voix de Marcel.

— Tu peux entrer, mon bon frère...

— Je t'apporte quelque chose,.. — dit le jeune homme après avoir embrassé sa sœur et en cachant sa main derrière son dos.

— Quelque chose ?... quoi donc ?

— Devine.

— Oh! dis-moi plutôt tout de suite.

— Eh bien! je ne te ferai pas languir... c'est une lettre... et qui m'a tout l'air d'un billet doux... cela sent le musc et l'ambre..

En parlant ainsi, il présentait à Nanette une petite enveloppe carrée, satinée et parfumée.

L'écriture de la suscription semblait déguisée à dessein.

Au lieu d'armoiries, le cachet portait ce mot : DÉFIANCE !...

— Qui t'a remis cela ? — demanda Nanette.

— Un valet sans livrée, une sorte de grison que j'ai rencontré dans l'escalier, au moment où j'allais descendre... — regarde donc un peu ce que ce *poulet* chante...

Nanette brisa le cachet et elle lut tout haut :

« Mademoiselle,

Un ami inconnu, qui désire garder l'incognito, croit devoir vous prévenir d'un complot tramé contre vous.

» Ce soir, à l'heure où vous quittez habituelllement le Palais-Royal, vous devez être enlevée par les gens du comte de Lauraguais qui a parié avec ses amis qu'il vous donnerait ce soir à souper dans sa maison de campagne de Fontenay-aux-Roses.

» N'allez donc point au Palais-Royal aujourd'hui, ou, si vous y allez, soyez sur vos gardes et bien accompagnée.

» Ne dédaignez pas cet avis, mademoiselle, il est dicté par un intérêt bien sincère.

» Prudence et défiance. »

— Quelle infamie !... — s'écria Marcel.

— Et quel ennui !... — ajouta Nanette.

— Que vas-tu faire, petite sœur ?

— Je ne sortirai pas aujourd'hui.

— Ainsi, tu veux rester ici prisonnière à cause de cet odieux comte de Lauraguais !...

— Il le faut bien...

— Ah ! si j'étais seulement un peu gentilhomme !...

— Qu'arriverait-il ?

— Il arriverait que je provoquerais le

comte, et que je me battrais avec lui, jusqu'à ce que je l'aie tué!!...

— Merci, chère frère... — répondit Nanette en souriant.

Puis elle ajouta :

— Qui peut m'avoir écrit ce billet ?

— Sans doute quelqu'un des amis du comte... un gentilhomme un peu meilleur que lui.

— C'est probable en effet.

— Dis donc, petite sœur, je pense à une chose...

— Voyons.

— Si j'allais prévenir mon bon ami, le prince de Courtenay — c'est lui qui saurait bien te protéger !... — qu'en dis-tu ?

Nanette avait extrêmement rougi.

— Garde t'en bien ! — s'écria-t-elle.

— Et pourquoi ?

— Le prince provoquerait peut-être M. de Lauraguais.

— Justement.

— Et il risquerait de recevoir quelque méchant coup d'épée...

— Au fait, je n'y pensais pas, il vaut mieux ne rien dire...

— Oui, cent fois mieux... — mais malheureusement le projet avorté aujourd'hui peu recevoir son exécution un autre jour... — je ne vais plus avoir un instant de tranquillité...

Marcel se frappa le front.

— J'ai une autre idée! — s'écria-t-il.

— Aussi bonne que la première? — demanda Nanette en souriant.

— Meilleure.

— Et, cette idée?...

— Tu la sauras demain.

— Mieux vaudrait aujourd'hui, ce me semble...

— Non, non, demain, pas avant...

— Comme tu voudras, mais point de folies !...

— Sois tranquille. — Promets-moi seulement que tu ne mettras pas les pieds au Palais-Royal de toute la journée.

— Oh ! je t'en réponds.

— Alors, tu resteras ici ?

— Je ferai mieux.

— Quoi donc ?

— Je vais envoyer chercher un fiacre, et j'irai, avec notre mère, voir mon frère Eustache et ma bonne petite sœur Rosette et mes petits neveux... — nous y resterons jusqu'au soir, et Eustache, qui est un soldat, nous ramènera ici en voiture.

— Bravo!... bravo!... — je vais chercher le fiacre moi-même.

— Est-ce qu'on ne t'attend pas chez M. Panckoucke?

— Bah! on m'attendra! — une fois n'est pas coutume! — j'aurai l'esprit en repos quand je t'aurai vu partir...

— Va donc, puisque tu le veux!

Marcel s'élança dehors.

Au bout d'un quart d'heure il revint.

— *Le char numéroté,* comme dit M. Boileau Despreaux, surnommé *le législateur du Parnasse,* est en bas — s'écria-t-il.

Nanette et Marie-Jeanne Lollier étaient prêtes.

Marcel les accompagna jusqu'en bas — il leur ouvrit la portière, leur souhaita un bon voyage et cria l'adresse au cocher.

Le jeune ménage demeurait rue des Ménétriers.

Ceci fait, Marcel, au lieu de se diriger vers les ateliers où s'imprimait l'Encyclopédie, remonta dans l'appartement de sa sœur.

§

Chose bizarre !...

Deux heures après ce moment, Nanette la bouquetière, que nous avons vue se diriger en compagnie de sa mère vers la rue des Ménétriers, faisait son entrée, un peu tarddive, dans le jardin du Palais-Royal.

Chose plus bizarre encore !...

La jeune fille, comme si elle eût pris à tâche de prouver qu'elle dédaignait l'avis du billet anonyme arrivé le matin, n'était point accompagnée des deux grands valets de pied, qui, d'habitude, ne la quittaient jamais.

Dans la journée, le comte de Lauraguais

traversa le Palais-Royal, mais sans s'approcher de Nanette.

Il remarqua le détail dont nous venons de prendre note, et, se frottant les mains, il murmura :

— Décidément, le diable est pour moi!.....

L'obscurité commençait à descendre sur Paris, fort mal éclairé à cette époque, ainsi que chacun sait, lorsque Nanette se décida à quitter le jardin.

Elle se mit en devoir de regagner la rue Saint-Honoré, avec une lenteur qui, véritablement, aurait pu paraître calculée.

Au coin de la rue qui contournait le Palais-Royal, elle tomba tout au beau milieu d'un fort notable embarras.

Deux crocheteurs ivres se battaient dans le ruisseau, à côté d'un grand carrosse.

Un cercle de curieux les entourait.

Bref, il n'y avait, pour passer, que la place d'une seule personne, entre la muraille et la voiture.

Nanette s'engagea dans cette sorte de couloir.

A peine avait-elle accompli la moitié de ce trajet périlleux que la portière s'ouvrit.

Deux grands et forts gaillards qui se trouvaient derrière la jeune fille la saisirent, la soulevèrent et, sans lui faire le moindre mal, la placèrent dans l'intérieur de la voiture, ou l'attendait un personnage dont on ne pouvait distinguer les traits dans la demi obscurité.

La portière fut refermée et l'attelage partit au galop.

Nanette poussa quelques petits cris, et fit mine de se jeter bel et bien par la portière.

Mais, somme toute, hormis ces manifestations anodines son désespoir se maintint en des bornes fort raisonnables.

Peu à peu ses cris s'éteignirent et l'on

n'entendit plus que quelques sanglots modérés et qui n'étaient point exempts d'une certaine coquetterie...

Alors, le personnage qui occupait avec Nanette le fond du carrosse et qui n'avait point eu trop de peine à contenir la jeune fille, jugea que le moment était venu de la rassurer complétement.

— Que craignez-vous, charmante Nanette? — dit-il d'un ton passionné et pathéthique — aucun danger ne vous menace!... — n'êtes-vous donc pas en sûreté auprès de votre esclave?...

— Mon esclave? vous? — répliqua la jeune fille.

— Sans doute, et le plus passionné de tous!...

— Vous vous dites mon esclave, et je suis votre prisonnière !...

— Les seules chaînes que je prétende vous faire porter sont celles d'un amour tendre et soumis...

— Si votre amour est soumis, pourquoi m'enlevez-vous malgré moi ?

— Parceque c'est ma seule ressource pour vous pouvoir peindre une flamme dont jusqu'ici vous avez repoussé l'aveu...

— J'ai repoussé l'aveu de votre flamme !.. moi ?...

— Vous même, cruelle !... — trop charmante, trop séduisante et trop inhumaine tigresse !...

— Qui donc êtes-vous, monsieur, s'il vous plaît?...

— Je suis la victime de vos dédains, belle Nanette!... — le martyr de vos beaux yeux! — Je suis le comte de Lauraguais!...

VI

La petite maison de Fontenay-aux-Roses.

— Ah ! vous êtes le comte de Lauraguais ? — répliqua Nanette, avec un sangfroid fort extraordinaire dans sa position — eh bien, monsieur le comte, votre conduite est abominable !...

— Hélas! je le sais bien, oh! mon inhumaine! — mais j'ai une excuse!...

— Laquelle?

— L'amour.

— L'amour?... allons donc!...

— Il n'en est pas de plus vif, de plus impétueux, de plus exalté!...

— Je n'en crois pas un mot...

— Par quoi voulez-vous que je vous jure?...

— Ne jurez point! — L'amour, monsieur le comte, ne procède pas de cette façon...

— Et comment donc, farouche sœur des roses?...

— Par de petits soins... par des attentions délicates... par la constance... par la soumission... par la douceur... par la docilité... – C'est en agissant ainsi que l'on plaît, et point autrement...

— Aurais-je donc une chance de vous plaire, sœur cadette des trois Grâces et cousine germaine de Vénus, en faisant tout ce que vous venez de me dire?...

— Peut-être bien, monsieur le comte...

— Eh bien! je profiterai de la leçon... et, à l'avenir...

— Commencez tout de suite — interrompit Nanette.

— Je ne demande pas mieux!

— Montrez-vous soumis et docile — faites arrêter votre carrosse, et laissez-moi libre...

— Tigresse de l'Hircanie!... vous me brisez le cœur?...

— Vous refusez?

— Demandez-moi tout — tout au monde! — excepté cela!...

— Mais, enfin, où me conduisez-vous?

— A ma maison de campagne de Fontenay-aux-Roses... — un petit palais dont vous serez la reine...

— Et qu'y prétendez-vous faire de moi?...

— Vous toucher par l'expression du plus

parfait amour !... vous décider à me rendre heureux...

— Je doute que vous y réussissiez...

— Ah! laissez-moi du moins l'espoir... — pour vous obtenir, aucun sacrifice ne me coûtera !...

— Qu'entendez-vous par *sacrifice*, monsieur le comte?

— J'entends que je suis riche... immensément riche, et que je vous prie de considérer ma fortune comme étant la vôtre...

— Qui dit trop ne dit rien, monsieur le comte. — Si c'est une offre que vous prétendez me faire, précisez, je vous prie...

— Ah! la petite gaillarde!... — pensa le comte — comme elle joue serré!... — Quand je pense que c'est pour une vertu de ce calibre que ce sot de Courtenay aurait pu se couper la gorge avec moi!...

Puis, tout haut, il reprit :

— Je vous offre, divine Nanette, en échange de votre cœur, d'abord cent cinquante mille livres comptant...

— Peuh! — fit Nanette — vingt fois j'ai refusé mieux...

— Attendez donc!... attendez donc!... — s'écria le comte — je vous offre ensuite trois mille livres par mois pour vos dépenses courantes — un petit hôtel à Paris — une maison de campagne dans la banlieue — des diamants — un carrosse — quatre chevaux — un gros cocher — un suisse — un cuisinier — un valet de chambre — deux valets de pied — un petit laquais et trois filles de chambre... le tout payé par moi, et entretenu à mes frais...

— Ah! c'est un peu mieux — dit Nanette.

— Voyons, sommes-nous d'accord?...

— Il faut voir...

— Quoi?

— Je demande à réfléchir...

— Répondez-moi : *oui*, tout de suite...

— Non pas! — la chose est importante et mérite bien qu'on y pense...

— Et, quand aurez-vous réfléchi, belle Nanette?...

— Ce soir, après souper... car j'imagine que vous me donnez à souper?...

— Certes!...

— Mais pas en tête à tête, surtout!... — Vous êtes un homme trop dangereux, monsieur le comte, pour que je me risque...

— J'avais prévu ce scrupule...

— Et, qu'avez-vous fait?

— J'ai invité quelques amis...

— Ah! ah!... — Alors nous serons en nombreuse compagnie?

— Quinze ou vingt gentilshommes, à peu près...

— Fort bien !

— Daignerez-vous, ravissante Hébé, faire les honneurs du souper ?

— Songez que j'ai bien peu d'habitude...

— Vous n'en aurez que plus de grâce...

— Décidément, comte, on ne peut rien vous refuser...

— Adorable !... adorable !... — s'écria M. de Lauraguais, en saisissant et en portant à ses lèvres une main qu'on ne lui retira pas trop vite.

Le carrosse s'arrêta.

Les chevaux avaient marché comme le vent, et, pendant l'entretien qui précède, on était arrivé à Fontenay-aux-Roses, devant le perron de la maison de campagne de M. de Lauraguais.

Le comte possédait une demi-douzaine de châteaux. Cette *villa*, comme on dirait aujourd'hui, était exclusivement consacrée aux soupers joyeux, aux orgies, aux parties de spectacle, car le comte avait là un charmant petit théâtre, et les seigneurs de la cour, continuant une des modes de la régence, y venaient souvent jouer les proverbes grivois de Collé, en compagnie de certaines actrices égrillardes de la Comédie Italienne, et de quelques-unes de ces demoiselles de l'Opéra.

Le comte descendit le premier et donna la main à Nanette, qui sauta lestement sur la première marche du perron.

Il était en ce moment huit heures du soir.

Le souper étant pour dix heures, aucun des invités n'avait encore paru.

M. de Lauraguais profita de cette solitude pour faire visiter à la jeune fille toutes les merveilles de sa petite maison.

Elle admira suffisamment, mais sans enthousiasme, comme si elle avait passé sa vie entière au milieu des splendeurs et des raffinements du luxe le plus extravagant.

— Tudieu! — se disait le comte, à part lui — la petite commère ira loin!!...

M. de Lauraguais, après avoir ainsi promené Nanette, l'introduisit dans une vaste pièce assez bizarre.

Cette pièce communiquait, d'un côté avec la salle à manger, de l'autre avec les coulisses du théâtre.

Au milieu se trouvait une immense et magnifique toilette à la duchesse, encadrée dans des flots de dentelles, et dont tous les accessoires étaient en vermeil.

Tout à l'entour, se voyaient accrochés, contre les murailles, des multitudes de vêtements de toutes les formes et de toutes les tailles, costumes et travestissements destinés aux actrices à qui cette pièce servait de vestiaire.

Nanette les parcourut rapidement du regard, et un sourire furtif se dessina sur ses lèvres charmantes.

Un grand fauteuil doré, placé près de la toilette, supportait une robe d'une étoffe merveilleuse et qui, certes, aurait semblé digne d'une reine.

— Délicieuse Nanette — dit le comte — j'ai pensé qu'il vous conviendrait peut-être de rehausser ce soir vos charmes par des ajustements un peu moins simples que votre costume de tous les jours... et j'ai fait préparer cette robe... — Comment la trouvez-vous ?

— Fort belle... — répondit Nanette.

Le comte ouvrit le tiroir de la toilette.

Il en tira des écrins remplis de parures éblouissantes.

— Aussitôt que ces pierreries — dit-il — auront touché votre cou charmant, elles seront à vous. — Vous ne refuserez point de vous en parer, n'est-ce pas?...

— Non, sans doute, monsieur le comte.

— Adorable!... adorable!... — répéta-t-il.

Puis il ajouta :

— L'heure se passe... — nos conviés vont arriver d'un instant à l'autre... — je vais vous envoyer vos femmes...

— Mes femmes? — à quoi bon?...

— Mais, à vous habiller, ce me semble...

— Monsieur le comte, je m'habille toujours seule...

— Vraiment??...

— C'est une habitude... une manie... tout ce que vous voudrez... mais j'y tiens...

— Dieu me garde de vous contrarier...— Je vous laisse seule... — si vous avez besoin de quelque chose, vous agiterez cette petite clochette et on accourra aussitôt...

— Je n'y manquerai point...

— Je sors, mais auparavant, oh! divine inhumaine, ne m'octroyerez-vous pas un baiser sur vos lèvres de roses?..

— Plus tard... monsieur le comte, plus tard...

— Mais, quand ?

— Après souper.

— Bien vrai ??...

— Foi de... foi de Nanette !...

— Allons, je me contente de cette promesse qui m'enivre !... — surtout, ne perdez pas un instant !...

— Oh ! je serai prête avant l'heure...

Du bout de ses doigts maigres et jaunâtres, M. de Lauraguais envoya à Nanette une demi-douzaine de baisers.

Puis il pirouetta sur ses talons rouges, et il sortit, en se donnant les airs évaporés d'un jeune homme.

A peine avait-il refermé la porte, que Nanette se laissait tomber sur un fauteuil, et donnait enfin carrière à un accès de rire homérique qu'elle comprimait depuis longtemps.

§

Cependant les invités du comte arrivaient.

Déjà un certain nombre de carrosses avaient déposé devant le perron les représentants des plus grands et des plus glorieux noms de France.

M. de Lauraguais les recevait dans un petit salon, attenant à la salle à manger.

Parmi ces convives, il y avait plusieurs de nos connaissances — le marquis de Louvois — le comte de La Châtre — Diderot — M. de Marmontel — le duc de Nivernais, etc....

Bientôt tous les invités se trouvèrent au rendez-vous, excepté un seul.

Mais, alors, M. de Lauraguais commença à donner des signes manifestes d'inquiétude.

— Qui donc attendez-vous encore, cher comte? — lui demanda quelqu'un.

— J'attends le prince de Courtenay — répondit-il — et, d'honneur! je ne voudrais pas, pour cinquante mille livres, que ce soir il me manquât de parole!...

VII

Un pigeon pour une tourterelle.

L'incertitude anxieuse de M. de Lauraguais ne fut pas de bien longue durée.

A peine achevait-il de prononcer les paroles qui terminent le précédent chapitre, qu'on entendit le bruit d'un carrosse, sillonnant rapidement le sable fin de l'avenue et s'arrêtant devant le perron.

Une seconde après, un valet de chambre annonçait :

— Monseigneur le prince de Courtenay.

— A la bonne heure !.. — murmura le comte — Mon triomphe, en son absence, ne m'eut point semblé complet !!

Et il courut au-devant du convive si impatiemment attendu.

— Cher prince — s'écria-t-il — enfin vous voilà !... si vous saviez comme nous vous désirions tous !!...

— Suis-je en retard, monsieur le comte ? — demanda Pierre assez froidement.

— Non point, quant à l'heure du rendez-vous... mais au gré de notre impatience, oui, un peu.

— Ceci est en vérité trop gracieux!...

— Jamais trop avec vous, cher prince... jamais assez... — et puis, vous le dirais-je.. je craignais...

— Quoi donc?

— Que vous ne vinssiez pas ce soir.

— J'avais promis.

— Sans doute, mais je me rappelais certaine discussion...

— Une discussion? — répéta le prince, de l'air d'un homme qui ne comprend pas.

— Eh ! oui... — chez Diderot... — vous souvenez-vous ?...

— Non, en vérité.

— Au sujet d'une chose sans importance d'ailleurs... de Nanette la belle bouquetière... de la *Perle du Palais-Royal*...

M. de Courtenay fronça légèrement le sourcil.

— En effet — dit il — mais comme, dans cette discussion, l'avantage ne m'avait pas paru rester de votre côté, franchement, je n'y pensais plus...

— Il est certain que, ce jour-là, vous m'avez battu, cher prince, mais, depuis...

M. de Lauraguais s'interrompit.

— Eh bien! depuis? — demanda Pierre.

— Je pense que votre opinion s'est modifiée quelque peu.

— Et qui vous fait supposer cela, monsieur le comte?

— Est-ce que je me trompe?...

—Entièrement.

— Quoi! aujourd'hui comme alors, vous vous feriez le défenseur de la vertu de Nanette Lollier?...

— Plus que jamais!

— Cependant, si quelqu'un venait vous dire que cette fleur immaculée, que ce modèle de sagesse est au moment de laisser là son éventaire et ses bouquets pour devenir une de nos impures à la mode, la maîtresse en titre d'un grand seigneur ?...

— Je répondrais que ce quelqu'un-là en a menti...

— Mais, si ce quelqu'un offrait de prouver ce qu'il avance ?...

— Je le mettrais au défi de le faire.

— Et, s'il le faisait?

— S'il le faisait?... — s'écria le prince avec une sorte de fureur.

Et, se calmant aussitôt, il ajouta :

— Mais, non, c'est impossible !...

Pendant le dialogue qui précède, les valets de pied avaient ouvert à deux battants les portes du petit salon, et la salle à manger, éclairée *a giorno* par vingt candélabres, offrait le magnifique coup d'œil de sa table splendidement servie, éblouissante de cristaux, d'argenterie, et de surtouts en vermeil.

— Messieurs — dit le comte de Lauraguais — le souper nous attend, — à table, je vous prie...

Chacun s'assit, mais en silence et d'un air préoccupé.

Instinctivement on sentait qu'il allait se passer quelque chose d'étrange.

Le comte de Lauraguais, seul, resta debout.

— Il me reste à vous présenter quelqu'un — reprit-il — la reine de la fête — celle qui veut bien, ce soir, vous faire à tous les honneurs de ma petite maison...

— Qui donc est cette reine ? — demanda une voix.

— Mademoiselle Nanette Lollier — répondit le comte avec un sourire.

Le prince de Courtenay devint pâle comme un linge.

Il se leva d'un bond, et, appuyant la main sur la garde de son épée, il s'écria :

— Ceci, monsieur le comte, est un nouveau mensonge !... — Mademoiselle Lollier n'est point ici !... elle n'y peut pas être !... et je la défendrai jusqu'au bout, l'épée à la main, s'il le faut, contre vos calomnies...

— A votre aise, cher prince — répondit Lauraguais en riant et en se dirigeant vers la porte de la chambre aux costumes — à votre aise... — Dégaînez!... — mettez flamberge au vent!... — la Perle du Palais-Royal va vous remercier, comme il convient, de vous montrer pour elle un si chaud défenseur!...

Et le comte, ouvrant la porte, ajouta :

— Venez, divine Nanette, venez, et montrez-vous à nos yeux éblouis...

Il n'avait point achevé ces mots qu'il recula, stupéfait, abasourdi, furieux, confondu, grotesque.

Par cette porte ouverte, un jeune homme venait de sortir et saluait les convives avec une bonne grâce parfaite.

C'était, sous un costume du temps de Louis XIII, le plus joli page du monde.

Il portait son pourpoint bleu de ciel — orné de rubans d'argent — sa petite épée de cour et son manteau espagnol de velours noir, galonné en or, — avec une crânerie cavalière bien propre à faire tourner toutes les têtes féminines.

Un sourire d'une incroyable ironie plissait ses lèvres roses et charmantes.

— Si j'ai bien entendu, cher comte — dit-il en s'adressant à M. de Lauraguais —

vous attaquiez tout à l'heure la vertu de Nanette la bouquetière... la Perle du Palais Royal... — Eh bien ! à votre aise !... — dégaînez !... — C'est là ce que vous disiez, je crois ?... — Vous le voyez, je suis en garde, et nul ne me contestera sans doute le droit de défendre ma sœur...

Et, tout en parlant ainsi, le page brandissait sa petite épée.

— Sa sœur !... — répétèrent tous les convives.

— Marcel !! — s'écria Pierre de Courtenay, en s'élançant auprès de lui et en lui saisissant la main, qu'il serra chaudement.

— Oui, monseigneur — répondit le jeune

homme — Marcel qui vous remercie une fois de plus...

Puis, se tournant vers Lauraguais, que la stupeur et le désappointement rendaient muet et immobile, Marcel ajouta :

— Mais quelle triste figure vous nous faites là, mon cher comte !... — Pour Dieu ! déridez-vous un peu !... — Vos filets étaient bien tendus !... — Si vous avez pris le pigeon au lieu de la tourterelle, ce n'est pas un bien grand mal — les meilleurs oiseleurs s'y trompent quelquefois !...

Un immense éclat de rire s'éleva tout autour de la table pour accueillir cette saillie.

Le comte de Lauraguais aurait payé bien

volontiers cent mille livres pour se trouver à cent pieds sous terre.

Il se voyait, dès le lendemain, raillé, bafoué, chansonné sur tous les tons !...

Son aventure allait défrayer les *Nouvelles à la main* pendant un grand mois tout au moins.

Marcel reprit :

— Messieurs, il serait mal à moi de tromper l'espoir du cher comte... — Il m'a fait promettre de vous faire les honneurs de son souper... — Il y compte... — Je tiendrai parole...

Et, en effet, le jeune garçon s'assit sans façon à la place d'honneur.

— Allons, cher comte — dit-il ensuite — asseyez-vous bien vite... là-bas, en face de moi... — Vous voyez que nous n'attendons plus que vous... — Prouvez-nous que vous buvez sec et nous porterons, tant qu'il vous plaira, la santé de ma sœur... — Ça ne pourra pas manquer ce me semble de vous faire un certain plaisir...

Le comte écumait de rage — mais la crainte du ridicule l'empêchait d'éclater.

Il s'assit, espérant voir bientôt arriver le terme du supplice qu'il endurait.

Mais Marcel n'était point d'humeur à le ménager, et la gaîté toujours croissante des convives faisait sur sa mordante raillerie l'effet d'innombrables coups d'éperons.

— Savez-vous bien, messieurs — poursuivit-il — que je pourrai bientôt, moi aussi, vous prier d'honorer de votre gracieuse présence les soupers de ma petite maison... car je vais avoir une petite maison... — Il est si riche et si généreux, ce cher comte!... — Ecoutez et jugez-en !... — Il me donne, tout d'abord et dès demain matin — (juste rémunération du plaisir qu'il éprouve en ce moment) — cent cinquante mille livres comptant. — Ceci est peu de chose, mais vous allez voir mieux : — Il ajoute à l'argent mignon trois mille livres par mois pour mes menues dépenses — un petit hôtel à Paris — une maisonnette dans la banlieue, à Passy, à Auteuil, à Vaugirard, où je voudrai enfin ; — il y joint des diamants — un carrosse — quatre chevaux — un gros cocher — (s'il n'est pas gros, je n'en veux point!) — un

suisse — un cuisinier — deux valets de pied — un petit laquais et trois filles de chambre — bêtes et gens, bien entendu, payés et entretenus aux frais du cher comte...
— Et, en échange de tout cela, savez-vous ce qu'il me demande, ce nouveau et illustrissime Jupiter?... — Eh! mon Dieu, tout bonnement de lui servir de Ganymède!..

Une formidable explosion de fous rires accueillit cette nouvelle boutade.

M. de Lauraguais se sentait défaillir.

Enfin, le souper s'acheva.

Au moment où chacun se levait de table, Marcel s'écria :

— Eh! cher comte, dites donc!... —

Est-ce à votre hôtel ou chez votre banquier que je dois envoyer toucher, demain matin, mes cent cinquante mille livres et le premier quartier de la pension que Jupiter fait à Ganymède?...

Ce fut le coup de grâce.

Le comte passa du jaune au vert et du vert au violet foncé.

Il sentit qu'une attaque d'apoplexie était imminente s'il ne donnait sur-le-champ à sa colère un puissant dérivatif.

En conséquence, il s'approcha de M. de Courtenay et lui dit :

— Il me semble, prince, qu'un peu avant

de nous mettre à table, vous avez prononcé, en parlant à moi, quelques mots un peu bien vifs...

— Monsieur le comte — répondit Pierre avec hauteur — j'ai simplement dit que vous mentiez... et vous voyez bien que j'avais raison...

— C'est possible! — Mais, si je mens, je n'aime pas qu'on me le dise...

— Et moi — voyez la différence! — j'aime le dire à ceux qui mentent!...

— Prince, retirez-vous vos paroles?...

— Au contraire, je les maintiens.

— Alors, je vous en demande raison.

— Comme vous voudrez et quand vous

voudrez.— Je suis absolument à vos ordres...

— Eh bien! tout de suite, je vous prie...

— Je serais désespérer de vous refuser...

Une rencontre, l'épée à la main, entre deux gentilshommes, était chose si commune à cette époque qu'aucun des convives du souper de Fontenay-aux-Roses ne songea seulement à intervenir.

La nuit était magnifique et pas un souffle d'air n'agitait les feuilles des arbres.

Le comte et le prince descendirent au jardin — accompagnés de quatre témoins et suivis de domestiques portant des flambeaux pour éclairer les deux adversaires.

Ils mirent habit bas sur la pelouse qui faisait face à l'habitation, et le combat s'engagea.

Pierre de Courtenay et le comte de Lauraguis étaient, comme tireurs, à peu près d'égale force.

Seulement, le prince avait sur son adversaire l'immense avantage de conserver tout son sangfroid, tandis que la colère trop longtemps contenue de M. de Lauraguais, l'aveuglait et faisait trembler ses muscles et ses nerfs.

Après quelques passes, l'épée de M. de Courtenay traversa de part en part l'avant-bras du comte, qui laissa tomber son arme et perdit connaissance.

— Ce pauvre comte! — fit Marcel, qui de l'une des fenêtres de la salle à manger avait assisté au duel en compagnie des autres convives, et qui faisait les vœux les plus ardents pour le prince de Courtenay — ce pauvre comte!... — Ah! bah! il ne faut pas trop le plaindre... ça lui tiendra lieu d'une saignée!...

Tandis qu'on portait sur son lit le maître de la maison et que les valets couraient de tous côtés pour tâcher de trouver un chirurgien — les gentilshommes et les gens de lettres qui avaient pris part au souper songeaient à regagner Paris.

Pierre de Courtenay offrit à Marcel une place dans son carrosse pour le reconduire au logis de ses parents.

Avons-nous besoin de dire que le jeune homme accepta de grand cœur?

VIII

Conversation.

Il était près de trois heures du matin quand la voiture du prince de Courtenay s'arrêta, rue Saint-Honoré, devant la maison qu'habitait la famille Lollier.

Marcel en descendit, toujours revêtu du

costume de page, qu'il comptait bien renvoyer le lendemain à l'hôtel du comte de Lauraguais.

Il serra une dernière fois la main du prince, et il s'engagea dans l'allée.

Nous disons l'*allée*, car, à cette époque, bien peu de maisons avaient des grandes portes.

Cela dispensait des portiers. — Heureux temps!!...

Aucun des Lollier n'était couché.

L'absence inexplicable de Marcel, garçon rangé et fort régulier dans ses habitudes, plongeait tout le monde dans le désespoir.

Chacun se faisait, au sujet du jeune homme, les idées les plus sinistres.

Marie-Jeanne et Nanette, surtout, le

croyaient assassiné et sanglotaient à qui mieux mieux.

Quand on le vit paraître, un cri de joie et de soulagement s'échappa de toutes les poitrines.

La mère et les sœurs de Marcel ne se pouvaient lasser de l'embrasser en pleurant.

Les premiers moments une fois passés, l'étrangeté de ses vêtements attira les regards et fixa l'attention.

Comment se pouvait-il faire, en effet, que le jeune apprenti imprimeur se fût ainsi métamorphosé en page de la cour du roi Louis XIII? — Qu'est-ce que cela voulait dire?

Ces questions furent formulées par une demi-douzaine de bouches à la fois.

Marcel attendit pour répondre que cette fièvre de curiosité lui permît de placer une parole.

— Cela veut dire, petite sœur — fit-il en s'adressant à Nanette — que désormais tu peux aller au Palais-Royal tant qu'il te plaira, et que tu n'as plus rien à redouter du vilain comte de Lauraguais...

— Mais comment?... comment?... — demanda Nanette.

— Oh! c'est toute une histoire...

— Raconte vite... nous écoutons...

Marcel commença, en effet, et mena à bien le récit de son aventure, récit coupé vingt fois par des exclamations qu'on devine.

Quand il eut achevé, ce fut à qui le complimenterait, sur la hardiesse, l'esprit et l'habileté dont il avait fait preuve.

La burlesque déconvenue du comte de Lauraguais apprêtait à rire à tout le monde.

Mais Nanette était devenue bien pâle, en apprenant que le prince de Courtenay s'était battu pour elle!...

§

Quelques semaines après les scènes auxquelles nous venons de faire assister nos lecteurs, le comte de La Châtre causait avec Nanette dans le jardin du Palais-Royal.

Il était en train de lui débiter mille galanteries sans conséquence, que la jolie bouquetière écoutait en riant.

Le marquis de Louvois s'approcha d'eux,

et, après avoir échangé un salut avec les deux interlocuteurs, il s'adressa à M. de La Châtre.

— Comte — dit-il — sais-tu la nouvelle?

— Cela dépend — il y a dans Paris, chaque matin, autant de nouvelles que de nouvellistes...— Certains vous abordent en vous disant : —*A propos, le roi Henri IV est mort !*... La nouvelle est-elle neuve ou vieille ?...

— C'est une nouvelle nouvelle, une vraie nouvelle, et une nouvelle vraie... — répliqua le marquis en riant.

— Alors, voyons.

— Eh bien! notre ami commun, ce pauvre Courtenay est fou !...

Nanette tressaillit.

— N'est-ce que cela ? — demanda La Châtre.

— Il me semble que c'est bien assez!...

— Je l'ai vu hier au soir, il avait tout son bon sens.

— L'accès ne s'est déclaré que ce matin !

— Et, à quel propos?

— A propos de mariage...

Nanette devint plus rouge que les œillets de sa corbeille.

— Quelle est cette raillerie ? — demanda La Châtre.

— Il n'y a pas de raillerie et rien au monde n'est plus sérieux.

— Alors, explique-toi, — qu'y a-t-il?

— Il y a qu'on propose à Pierre un des plus beaux partis de France — un grand nom et huit cent mille livres de rentes — et qu'il refuse...

— C'est invraisemblable.

— C'est comme ça.

— La personne à marier est peut-être vieille et laide?...

— Tu vas en juger. — C'est mademoiselle de Craon.

— Charmante! — dix-huit ans! et des yeux!... — presqu'aussi beaux que ceux de Nanette!...

— Eh bien! qu'en dis-tu?

— Je dis qu'il faut que tu sois mal renseigné — jamais je ne croirai que Pierre dédaigne ainsi son bonheur!...

— Mal renseigné! — s'écria le marquis de Louvois — personne ne peut l'être mieux que moi!...

— Et, comment?

— J'ai été chargé de faire les premières ouvertures.

— Et, Pierre a refusé?...

— Nettement — complétement — irrévocablement.

— Il réfléchira...

— Je n'y compte pas. — Quand Pierre a dit : *non* — c'est *non*.

— Alors tu as raison — il est fou !

— Tu vois.

— Mais, enfin, quelle raison donne-t-il?

— Aucune.

— Quoi? — pas un mot d'explication?

— Pas un. — Éloignement pour le mariage — voilà tout.

— Alors, il cache quelque chose...

— Je le crois.

— Un amour, sans doute. — Il n'y a que le petit Cupidon qui puisse détraquer ainsi un cerveau si solide habituellement.

— Mais, qui pourrait-il aimer? — dit M. de Louvois après quelques secondes de réflexion.

— Dam! — à moins qu'il ne brûle pour une de mesdames de France... — répliqua La Châtre en riant.

— Oh! j'en doute.

— Mais, alors?

— Quelqu'une de nos impures, peut-être? — une fille de théâtre...

— Ah! marquis, tu calomnies Pierre!...

— Pourquoi donc? — ne t'ai-je pas vu, bien souvent, toi, laisser tomber ton cœur dans les coulisses de l'Opéra... il est vrai que tu ne tardais guère à le ramasser, pour le reperdre un peu plus loin...

— Oui, mais entre Courtenay et moi, la différence est grande!... je ne suis qu'un

franc vaurien!... un libertin, un débauché!
— Le prince est un sage, un Caton, et le vice lui fait horreur... même le vice en robe de gaze, avec de blanches épaules, des cheveux noirs et des yeux éclatants!... — Si Courtenay est amoureux, je parierais qu'il ne peut l'être que d'une femme aussi charmante que sage...

— Une femme mariée, peut-être...

— Peut-être... — c'est possible — mais si celle qu'il adore n'est ni libre, ni princesse, ni millionnaire, et si elle aime véritablement notre ami, je sais bien ce qu'elle devrait faire et ce que, moi, je ferais à sa place...

— Quoi donc?

— Je dirais à mon amant: — *Soyez libre!* — *oubliez-moi!* — *épousez mademoiselle de*

Craon ! — *Moi, je vous aimerai toujours, et je ne vous reverrai jamais !...*

— Ah ! ce serait bien beau !... — Mais quelle femme aurait ce courage ?...

— Une femme digne d'être aimée par un cœur comme celui de Courtenay, doit être capable de ce dévoûment-là !... — Qu'en dit la charmante Nanette ?...

— Moi, monsieur le comte — répondit la bouquetière avec la plus parfaite insouciance — je dis que je suis de votre avis...

La conversation en resta là.

Les deux gentilshommes s'éloignèrent.

Ce jour-là, Nanette rentra chez elle plus tôt que de coutume, et, pendant une grande partie de la soirée, elle s'enferma dans le petit boudoir que nous connaissons.

IX

Le choix d'une fleur.

Depuis son changement de fortune, Pierre de Courtenay n'habitait plus la rue Culture-Sainte-Catherine.

Il occupait le premier étage de l'un des magnifiques hôtels de la place Royale.

Le lendemain du jour où il avait déclaré au marquis de Louvois qu'il ne voulait pas se marier, le prince, vers midi, déjeûnait solitairement dans sa chambre à coucher, en robe de chambre et en pantoufles.

Le vieux valet dont nous avons parlé, entra d'un pas silencieux.

Il posa sur la petite table un admirable coffret de Boule, en écaille rouge, incrusté de cuivre, d'argent, de nacre et de lapis-lazuli, et, en même temps, il présenta à son maître sur un plat d'argent (de véritable argent, cette fois) une lettre et une petite clé dorée — celle du coffret, sans aucun doute.

Le prince prit la lettre, et, avant de l'ouvrir, il l'examina avec attention.

La suscription était bien de l'écriture de

cette vieille parente à laquelle il devait son opulence inattendue.

Le cachet portait, en outre, ces mêmes armoiries, à demi effacées, mais dans lesquelles se devinait encore vaguement le blason des Courtenay.

Seulement l'enveloppe était mince et ne contenait, à coup sûr, qu'une simple feuille de papier.

— C'est étrange — pensa le prince, en fixant les yeux sur ce carré de vélin encore intact qu'il tenait dans sa main gauche — c'est étrange!... mon cœur bat!... j'ai comme un pressentiment!... — il me semble que ma destinée est renfermée dans cette lettre!...

Pendant quelques secondes, il hésita à rompre le cachet.

Mais, enfin, triomphant de cette sorte

d'émotion superstitieuse, il déchira l'enveloppe — déploya la feuille de papier, et lut ce qui suit :

« Mon cher cousin,

» J'apprends à l'instant même une nouvelle dont je ne puis malheureusement révoquer en doute la parfaite exactitude, et qui me fait plus de peine que je ne saurais vous le dire...

» Est-il bien vrai, est-il bien possible que vous vous refusiez à épouser mademoiselle de Craon ?

» Songez, mon cousin, que ce parti, presqu'inespéré, réunit tout ce que vous et ceux qui s'intéressent à votre bonheur pouvaient souhaiter pour un mariage. — Mademoiselle de Craon, en effet, est jeune et charmante,

— immensément riche — son nom est presqu'aussi beau que le vôtre, et se relie, par des racines profondes, à tous les grands noms, à toutes les grandes familles de la monarchie.

» Oh! je sais ce que vous m'allez répondre, mon pauvre enfant! — *Vous aimez ailleurs!...*

» Je suis vieille — bien vieille, mon cousin — j'ai plus de trois fois votre âge — j'ai aimé, une fois dans ma vie, et pour toujours — j'ai aimé d'un amour sans espoir, et je sais ce qu'on souffre quand le cœur se déchire. — C'est donc en comprenant bien ce qui se passe dans votre âme, que je vous conseille le courage...

» Quand on s'appelle le prince Pierre de Courtenay, — quand on a, comme vous, du sang royal dans les veines, — on ne s'appartient point à soi-même — on n'est point le maître absolu de sa vie et de sa destinée...

» Vous devez à vos ancêtres, vous devez à votre pays, de ne point laisser une grande race, une race de héros s'éteindre en vous.

» Vous devez à vos enfants de leur donner pour mère une princesse de Craon, et d'assurer à votre descendance l'une de ces fortunes princières sans lesquelles les noms les plus éclatants sont des fardeaux bien lourds à porter...

» Si celle que vous aimez est digne de votre amour — et je n'en veux pas douter — si — comme je le crois — elle ne peut pas être votre femme, et si elle lisait ce que je vous écris, elle comprendrait, elle partagerait les sentiments que j'exprime ici... — elle serait heureuse, elle serait fière de sacrifier vaillamment son cœur et de vous offrir sa tendresse en holocauste... — elle vous dirait qu'avoir été aimée de vous est un assez grand bonheur pour remplir tout le reste d'une vie... et elle vous enverrait à l'autel avec une douleur profonde inguérissable, mais aussi avec la conscience d'un grand devoir accompli...

» Cela, mon enfant, je vous le dis au nom de cette femme — et je suis bien sûre qu'elle ne me démentira pas...

» En épousant mademoiselle de Craon, il est indispensable que vous apportiez dans votre ménage autre chose qu'une pension toute éventuelle et qui, d'un jour à l'autre, pourrait cesser d'être payée...

» Un petit coffret vous est remis en même temps que cette lettre...

» Ouvrez ce coffret — vous y trouverez le capital de la rente qui vous était payée par mes soins, au premier de chaque mois...

» Acceptez aussi, pour votre femme, quelques antiques bijoux de famille que je joins à cet argent, et que je la prie de porter quelquefois, pour l'amour de votre vieille parente inconnue.

» Encore une fois, mon cher enfant, je vous demande, je vous prie, je vous conjure de donner aux derniers jours de ma vie la seule joie profonde qu'ils puissent ressentir... — je mourrai heureuse, si je vous vois épouser mademoiselle de Craon.

» Si vous consentez, comme je l'espère, et comme je le souhaite si ardemment, portez, pendant trois jours de suite, un œillet à la boutonnière de votre habit...

» Si, au contraire, vous refusez, portez une rose... »

— Ah! — dit le prince quand il eut achevé — je sentais bien que ma destinée était là...

Il replia la lettre — il la renferma sous son enveloppe déchirée — ensuite il prit la clé d'or, et il ouvrit le coffret.

Il contenait, en bons au porteur, sur la caisse des fermiers généraux, une somme ronde d'un million.

Sous cet amas de chiffons précieux se trouvaient des diamants d'une grosseur et d'une eau magnifiques, et qui devaient avoir une valeur de deux ou trois cent mille livres, tout au moins.

Seulement la monture en était gothique et ternie, et la plus récente de ces parures devait compter au moins un siècle d'existence.

Sur le fermoir d'argent d'un bracelet se voyaient des traces d'armoiries.

Pierre s'efforça de les déchiffrer, mais il ne put en venir à bout, car l'écusson avait été gratté et rayé dans tous les sens, et tout récemment, avec la pointe d'un couteau ou d'un canif.

— Étrange!... — répéta le prince — étrange!...

Il cacha sa tête dans ses deux mains, et il s'absorba dans une méditation profonde qui dura près d'une heure.

Quand il releva la tête, son visage était calme, et un sourire d'une douceur infinie, quoiqu'un peu mélancolique, errait sur les coins de sa bouche.

Il replaça les diamants au fond du coffret — les billets de caisse sur les diamants, et la lettre sur les billets.

Il fit tourner à deux reprises la clé dorée dans la mignonne serrure, puis il s'habilla et sortit, sans demander son carrosse.

Au moment où il franchissait la porte de l'hôtel, ces mots s'échappèrent, comme involontairement, de ses lèvres :

— Allons ! le sort en est jeté !...

Pierre de Courtenay se dirigeait du côté du Palais-Royal.

§

La veille au soir, nous le savons, Nanette

Lollier avait quitté le jardin plus tôt que de coutume.

Ce matin-là, dès avant-midi, elle en reprenait possession avec ses fleurs.

Nanette était pâle.

Un cercle d'azur autour de ses paupières trahissait une nuit sans sommeil, ou quelque secrète souffrance.

Elle semblait distraite et préoccupée.

Elle, toujours si vive, si accorte, si prête à la réplique, si prompte à la riposte, ne répondait qu'à peine et avec effort aux madrigaux et aux galanteries que lui débitaient une demi-douzaine de ses adorateurs les plus assidus.

Vraiment, ce n'était plus Nanette la bouquetière!... — le Palais-Royal, ce jour-là, avait perdu sa perle!...

Découragés par la froideur de l'accueil qui leur était fait, les galants s'éloignaient en se demandant l'un à l'autre :

— Qu'a donc Nanette ?

— Quel mauvais vent a soufflé ce matin sur cette charmante fleur ?

— Est-ce un caprice passager ?

— Un accès d'un mal inconnu ?

— Peut-être a-t-elle des vapeurs ?...

— Des vapeurs, chevalier !... Nanette est-elle duchesse, par hasard ?...

— Bah ! les grisettes ont aujourd'hui des vapeurs, aussi bien que les grandes dames...

— Avez-vous remarqué que ses joues, d'habitude fraîches comme ses roses, sont ce matin blanches comme ses lis ?...

Et le chœur reprenait :

— Qu'a donc Nanette ?... — etc.

Cependant la jeune fille était parvenue à s'isoler, et c'est là ce qu'elle voulait.

Elle ne pouvait se tenir en place — elle marchait d'un pas tantôt rapide, tantôt irrésolu et comme chancelant...

Parfois elle s'arrêtait, et, pendant quelques secondes, s'asseyait sur un banc.

Puis elle se remettait à marcher, et son regard errait sans cesse d'un bout à l'autre du jardin du Palais-Royal, comme si elle attendait quelqu'un qui tardait bien à venir.

Hélas ! — c'était l'arrêt de sa vie qu'elle attendait, la pauvre enfant !

Enfin elle aperçut, de loin, de bien loin, une forme connue.

Un nuage passa sur ses yeux — il lui sembla qu'elle allait défaillir et elle s'appuya contre un arbre pour ne pas tomber.

Le prince de Courtenay venait du côté de la jeune fille.

Nanette, les yeux baissés, ne le voyait pas, mais elle le sentait s'approcher.

Lorsqu'elle comprit qu'il était arrêté devant elle, elle souleva lentement ses paupières, et le parcourut tout entier d'un seul regard.

Il n'y avait à sa boutonnière ni rose ni œillet.

Le prince était pâle comme la bouquetière, et semblait aussi troublé qu'elle.

D'une main tremblante, la jeune fille lui présenta un bouquet.

Dans ce bouquet — comme à la boutonnière du prince — il n'y avait ni œillet ni rose.

Pierre de Courtenay le prit — le regarda

en souriant, puis, le replaçant dans la corbeille, il dit, mais d'une voix si basse que Nanette ne put l'entendre qu'avec son cœur :

— Mon enfant, voulez-vous me faire présent d'une rose ?...

La jeune fille poussa un faible cri et tomba sans connaissance dans les bras du prince.

X

Demain !...

Lorsque Nanette revint à elle-même, elle se trouva étendue sur une chaise longue, et environnée de sa famille, dans le petit boudoir tendu de toile peinte à grandes fleurs.

— Que s'est-il passé?... — murmura-t-elle — et comment suis-je ici?... — Je ne me souviens pas...

Sa mère et ses sœurs lui contèrent tumultueusement et toutes à la fois qu'elle s'était évanouie dans le jardin du Palais-Royal, qu'un grand seigneur, le prince de Courtenay, l'avait relevée dans ses bras, et, sans demander une voiture, sans vouloir être aidé par personne, l'avait ainsi transportée jusque chez elle.

Nanette, délicieusement émue, s'informa de ce qu'était devenu le prince.

On lui répondit qu'il avait attendu l'avis du médecin qu'on avait envoyé chercher en toute hâte et que, complétement rassuré par ses paroles, il s'était éloigné sans annoncer s'il reviendrait bientôt.

— Il reviendra — se dit la jeune fille en appuyant la main sur son cœur — il reviendra... Je le sens là...

En moins d'une heure le bruit de l'accident arrivé à la belle bouquetière se répandit dans tout Paris.

Alors, gentilhommes, grands seigneurs, philosophes, encyclopédistes, et même quelques petits abbés, vinrent prendre de ses nouvelles et se faire inscrire chez elle.

L'un d'eux, plus hardi, força sa porte, et ce fut alors une véritable invasion, une avalanche de visiteurs, plus illustres les uns que les autres.

Seul, au milieu de cette cohue titrée, Pierre de Courtenay manquait.

Oh! en ce moment, le cœur de Nanette était vraiment le plus adorable chef-d'œuvre de l'amour, et, par aucune issue, ne laissait échapper la moindre parcelle de la précieuse souffrance qu'il renfermait avec tant de courage et de bonheur!...

Elle souriait, la charmante fille, aux galanteries de ce peuple de marquis et de ducs, accourus chez elle comme au petit lever du roi.

Et, marquis et ducs prenaient pour eux ce sourire doux et distrait et continuaient à se rendre coupables des plus notables fadeurs, pillant Dorat en l'honneur de Nanette...

Mais Nanette avait bien trop d'esprit et bien trop d'amour pour comprendre ces gens-là.

Elle ne les écoutait pas — elle se contentait de leur sourire.

Car, au fond, Nanette était heureuse — bien heureuse !...

Que lui manquait-il ?

Rien, puisque le prince ne voulait pas se marier — puisqu'à coup sûr il aimait Nanette...

Mais quel serait l'avenir de cet amour ? — Qu'arriverait-il, le lendemain ? — Pierre avait-il deviné que, lui aussi, il était aimé ? — N'en abuserait-il pas ?...

A tout cela, Nanette ne voulait point penser...

La voix de son frère Marcel, parlant tout bas à son oreille, lui fit l'effet de ces voix qu'on entend dans un rêve.

Marcel, pour s'approcher d'elle, avait fendu la presse des courtisans dorés.

Nanette tressaillit et écouta.

— Petite sœur — lui dit Marcel — je viens de voir notre ami le prince de Courtenay.

— Où cela? — demanda vivement la jeune fille.

— Dans l'antichambre... — il venait s'informer de toi... — je lui ai répondu que tu allais de mieux en mieux...

— Et, pourquoi n'est-il pas entré?

— Il a dit qu'il y avait trop de monde chez toi, et qu'il ne voulait point se mêler à cette foule...

— Oh! — pensa la jeune fille — vous avez bien fait, mon prince, car vous êtes seul dans mon cœur...

§

Le lendemain, dans la matinée, au moment où Nanette achevait sa toilette, sa femme de chambre vint l'avertir que le prince de Courtenay sollicitait l'honneur d'être reçu par elle.

— Faites entrer monseigneur de Courtenay dans le boudoir — répondit-elle d'une voix qu'elle s'efforçait de rendre ferme — et dites-lui que, dans quelques instants, j'aurai l'honneur de me rendre à ses ordres.

La femme de chambre sortit.

Nanette comprenait que le moment décisif était proche, que l'heure la plus solennelle de sa vie allait sonner.

Elle se mit à genoux, et elle adressa à Dieu une courte mais ardente prière.

— Protégez-moi, mon Dieu! — dit-elle — venez en aide à ma faiblesse, car, si vous ne me soutenez pas, je sens bien que la force me manquera!...

Nanette se releva et se regarda dans une glace.

Elle était belle comme un ange, mais pâle comme une morte, et cette pâleur ajoutait encore à sa beauté en lui donnant un cachet d'étrangeté fantastique.

Son costume de ce jour-là n'était point celui qu'elle portait d'habitude. — Comme elle ne comptait pas retourner au Palais-Royal, elle était entièrement vêtue de blanc, ainsi qu'une fiancée.

Elle se dirigea vers le boudoir, mais sa main tremblait tellement qu'elle fut obligée de s'y reprendre à deux fois pour en ouvrir la porte.

Pierre de Courtenay attendait, debout.

Lui aussi, était pâle.

Son beau visage, sérieux et recueilli, exprimait une résolution profonde.

Un amour immense, infini, étincelait dans son regard.

Il vint au-devant de Nanette — il lui prit la main — il la conduisit jusqu'à un siége, et, s'asseyant lui-même en face d'elle, il lui dit, d'une voix émue, et cependant ferme et assurée :

— J'ai tout compris, mademoiselle — j'ai lu dans votre cœur, comme vous avez lu dans le mien...

Une vague de sang monta du cœur au front de Nanette — elle cacha, entre ses deux mains blanches, son visage rougissant.

Le prince poursuivit, avec cette simplicité d'accent et de paroles qui donnait une si grande valeur à ses moindres discours.

— Je vous aime, mademoiselle, depuis le jour où je vous ai vue pour la première fois... — Depuis ce jour, je vous ai donné, invinciblement et pour toujours, ma vie, mon âme, toutes mes pensées... — non sans lutter, cependant, mademoiselle — car j'ai lutté beaucoup, lutté longtemps contre mon propre cœur dont je redoutais l'entraînement irréfléchi et en quelque sorte forcé... — Je ne vous connaissais pas alors, ou plutôt je ne connaissais de vous que votre angélique beauté... — C'était assez pour vous aimer, mais non pour que cet amour fut exempt de trouble et d'épouvante, car je considère comme le pire malheur qui puisse arriver à un honnête homme, quel qu'il soit, de donner sa vie à une femme indigne de la plus chaste tendresse et du plus saint respect...

Le prince fit une courte pause.

Nanette, oppressée, enivrée, l'écoutait en baissant les yeux, comme les élus du paradis doivent écouter l'harmonie des concerts célestes.

M. de Courtenay poursuivit :

— La position que vous vous étiez faite à vous-même... les hommages incessants qui vous entouraient, me paraissaient d'infranchissables obstacles élevés entre nous...

— Je regardais comme impossible, je l'avoue, qu'au milieu de tant de périls, une jeune fille pût conserver intacts, non-seulement sa vertu, mais encore l'auréole de virginale candeur qui doit rayonner autour

d'un front sans tache... — Je me trompais...
— Ce prodige auquel je ne croyais pas, vous l'avez réalisé... — Non-seulement ceux qui vous connaissent le mieux vous admirent autant qu'ils vous aiment, mais encore l'opinion publique s'incline avec respect devant vous!... — Ce n'est pas tout, mademoiselle. — Un jour — et Dieu sait avec quel bonheur!... — j'ai compris que vous m'aimiez... — Ces bienfaits mystérieux que je ne rougis point d'avoir reçu, j'ai deviné quelle main me les envoyait. — Cette lettre adorable d'hier, ce chef-d'œuvre de la tendresse qui se dévoue et qui s'immole, et qui s'offre, vivant holocauste, au bonheur de celui qu'on aime, j'ai deviné quel était le cœur qui l'avait dictée... — Vous vouliez vous sacrifier pour moi... Ce sacrifice, je

n'ai pas eu la force de l'accepter. — Oui, je serai heureux... je serai heureux par vous, mais d'une autre façon... — nous le serons ensemble... — Cette fortune qui me vient de vous, je l'accepte, mais à la condition que vous la partagerez avec moi... — Mademoiselle... ma bien-aimée... voulez-vous être ma femme?...

En prononçant ces derniers mots, Pierre de Courtenay avait mis un genou en terre devant Nanette toujours assise.

La jeune fille suffoquait.

Des sanglots convulsifs soulevaient sa poitrine et déchiraient sa gorge — elle pleurait abondamment.

Certes, dans ces sanglots et dans ces larmes, il y avait une immense amertume, une incompréhensible douleur — et cependant Nanette semblait heureuse.

Ses yeux en pleurs et le sourire de sa bouche exprimaient une joie surhumaine.

Elle étendit les mains — elle prit la tête de Pierre de Courtenay agenouillé, et elle l'appuya passionnément contre son cœur.

Le prince, en ce moment, put comprendre comment ce cœur battait pour lui.

— Vous consentez?... — s'écria-t-il — vous consentez, n'est-ce pas?...

Et, comme Nanette ne pouvait pas répondre, dix fois il recommença cette question.

Enfin, la jeune fille balbutia :

— Demain... attendez jusqu'à demain.

— Oh! non... non, pas demain... mais aujourd'hui... à l'instant même... au nom du ciel, au nom de notre amour, ne me refusez pas... — vous voyez que j'attends... vous voyez que je me meurs d'impatience et d'angoisse... — si vous refusez de me répondre... Nanette, oh ! Nanette... c'est que je me suis trompé... c'est que vous ne m'aimez pas...

— Demain... — répéta la jeune fille — et jusque là, mon ami, ne doutez point de moi, car ce serait bien mal... et croyez que jamais... jamais... personne n'a aimé plus que je vous aime...

Le prince insista vainement.

Vainement il supplia — vainement ses larmes coulèrent.

Nanette se montra inflexible, et, aux ardentes prières de son amant ivre d'amour, elle ne répondit que par ce même mot :

— Demain...

Pierre de Courtenay, vaincu, se retira désespéré.

L'étrange obstination de la jeune fille lui paraissait de fatal augure.

— Pourquoi remettre au lendemain — se disait-il — cette réponse qu'il eût été si facile d'accorder sur-le-champ?... — pourquoi différer le bonheur quand la vie est si courte?... — pourquoi lui imposer toute une longue journée d'attente et d'angoisses? — Oh! Nanette était bien cruelle!...

Et la conclusion obstinée de ces douloureux raisonnements était celle-ci :

— Ce que Nanette éprouve pour moi, c'est de la pitié!... mais point de l'amour!...

— Elle ne m'aime pas!... elle ne m'aime pas...

IX

La dernière lettre.

Le lendemain matin, après une de ces nuits sans sommeil qui, en quelques heures, vieillissent un homme de dix ans, Pierre de Courtenay reçut, des mains de son valet de chambre, une lettre dont l'écriture bien connue le fit pâlir.

La main qui en avait tracé la suscription était la même qui, deux fois déjà, lui avait écrit sous le prétexte trompeur d'un lien de parenté imaginaire — La main de Nanette Lollier.

Il déchira l'enveloppe, comme jadis Pandore dut soulever le couvercle de cette funeste cassette d'où s'échappèrent tous les fléaux qui règnent en maîtres sur le monde — il lut et il demeura comme foudroyé.

Voici ce que contenait cette lettre.

« Oh! non, ne doutez pas de moi, mon ami bien-aimé — oh! non, ne me maudissez pas à cause de cette cruelle preuve d'amour que je vais vous donner en brisant mon cœur et, hélas! aussi le vôtre...

» Pierre, je ne peux pas — entendez-vous bien. — JE NE PEUX PAS être votre femme...

» Il y a entre nous une barrière.

» Ce n'est pas mon humble naissance..... — ni l'état que je quitte — ni les vains préjugés du monde...

» Cette barrière est plus sérieuse — elle est terrible — elle est infranchissable..... — et, malheureuse folle que je suis, dans mon aveuglement fatal, je l'avais oubliée !...

» Lorsque j'ai entendu prononcer votre nom pour la première fois — lorsque j'ai su que vous étiez le prince Pierre de Courtenay, j'aurais dû fuir... j'aurais dû m'exiler à l'autre bout du monde — j'aurais dû mourir, s'il l'avait fallu, pour ne plus vous revoir...

» Mais je vous aimais déjà... et le courage

m'a manqué, et voici que nous sommes deux à souffrir...

» Quand vous recevrez cette lettre, Nanette la bouquetière — Nanette que vous avez aimée, — aura quitté le monde pour n'y rentrer jamais... elle aura été offrir à Dieu, dans un cloître, ce cœur qui est tout à vous... triste hommage, que Dieu seul est assez grand, assez bon, pour accepter.

» Je laisse à mes parents la part de ma fortune que j'ai gagnée en vendant des fleurs. — Quant au million que vous avez reçu au nom de votre parente, conservez-le, *il est à vous* — écoutez-moi et comprenez-moi, Pierre — *il est à vous*, bien à vous — ce n'est pas un présent, c'est une RESTITUTION. — Si vous m'aimez encore, ne cherchez point à découvrir le sens fatal de ces paroles... — il y a là un secret, Pierre, il y a là un crime, mais je pourrai lever le front devant mon Dieu, sans rougir, car de ce crime, je suis innocente...

» Pourrez-vous lire cette lettre ?... — les traces de mes larmes effacent chaque ligne... — je souffre... — il me semble que je vais devenir folle ou mourir... — mon cœur se brise — ma tête s'égare... — et cependant j'ai bien besoin de force encore, car je ne suis pas au bout et l'épreuve commence à peine.

» Vous souvenez-vous, Pierre, de ce que, sous le nom d'un autre, je vous écrivais il n'y a pas longtemps ?...

— *Avoir été aimée de vous — vous disais-je — c'est un assez grand bonheur pour remplir tout le reste d'une vie...*

» Je vais vous prouver que je disais vrai...

» Adieu... adieu, mon fiancé d'une heure, adieu !... — pensez parfois à la pauvre fille qui, du fond du cloître, vous aimera toujours et priera sans cesse pour vous...

» Adieu encore !... — nous nous reverrons un jour, bientôt peut-être... mais plus en ce monde...

» Nanette. »

Pierre de Courtenay, quand il eût bien compris toute l'étendue de son malheur — quand il fut revenu au sentiment de sa situation — s'élança hors de chez lui, comme un fou — tête nue — sans épée.

Il courait à la rue Saint-Honoré.

A quelques pas de la maison des Lollier, il rencontra Marcel.

— Où est Nanette ? — lui cria-t-il.

— Monseigneur — répondit le jeune homme, stupéfait du désordre et des yeux hagards de son interlocuteur — Nanette est sortie il y a deux heures...

— Où est-elle? où est-elle?

— Elle a fait demander un fiacre, et elle nous a dit qu'elle allait à l'Archevêché... je pense qu'elle rentrera bientôt...

— Bientôt! — répéta le prince avec un éclat de rire insensé — elle ne rentrera pas!... elle ne rentrera jamais!... — et vous l'avez laissée partir!... — ah! vous ne l'aimez pas!... vous ne l'aimez pas!...

Et Pierre de Courtenay, abandonnant Marcel sans ajouter une parole, reprit sa course furieuse en se dirigeant vers l'Archevêché.

Les valets du prélat connaissaient le prince et répondirent à ses questions.

Une heure avant ce moment, l'archevêque de Paris avait demandé son carrosse et il était sorti, accompagné de son grand vicaire et d'une jeune fille.

Seulement on ne savait pas où monseigneur était allé, non plus que quand il rentrerait.

Pierre de Courtenay s'évanouit.

On le transporta chez lui — il ne reprit connaissance que pour entrer dans les accès d'un délire furieux.

Pendant quinze jours, il fut entre la vie et la mort — au bout de ce temps il fut sauvé, mais ce ne fut qu'un mois plus tard qu'il apprit que Nanette Lollier venait d'être admise, comme novice, parmi les Carmélites de la rue du Bouloy.

C'était là que l'archevêque de Paris la conduisait.

Toutes démarches pour se rapprocher d'elle étaient inutiles — le prince n'en essaya aucune.

Jamais on ne l'entendit à l'avenir prononcer le nom de Nanette, mais jamais il n'oublia la pauvre enfant qu'il avait tant aimée.

Il ne se maria point — il vécut seul et triste — il mourut jeune et inconsolé.

Nanette l'avait précédé d'un an là-haut, où se rejoignent les cœurs séparés sur la terre.

La famille de Courtenay est éteinte.

§

Il ne nous reste que quelques mots à dire, mais ces quelques mots aideront à soulever le voile mystérieux qui s'étend sur certaines parties de notre récit.

L'intendant du vieux prince Jean de Courtenay, alors qu'il remplissait, pour le compte de son maître, les honorables fonctions de mercure galant, prenait — dit une chronique secrète de l'époque — le nom de guerre de *Grain-d'Orge*.

Quant à la ruine subite et incompréhensible du même Jean de Courtenay, elle s'explique facilement.

Le vieillard, au dernier moment de cette vie, mêlée de grandes vertus et de vices honteux — avait cru pouvoir, en déshéritant son fils légitime, en vouant à la froide misère l'héritier de son nom — avait cru, disons-nous, payer sa dette à la victime de ses impuissantes amours.

C'était expier un crime par un autre crime, plus grand encore peut-être !

Heureusement que la justice de Dieu et le cœur de Nanette Lollier en avaient décidé autrement.

FIN DE LA PERLE DU PALAIS-ROYAL.

LE FILS DE LA FOLLE

I

Ceci se passait en l'an de grâce mil sept cent quatre-vingt-un.

Le marquis Réginald de Lagarde, illustre descendant d'une des plus vieilles races de Normandie, avait renoncé complétement à la vie de Paris et de Versailles, pour mener l'existence calme et doucement uniforme de gentilhomme campagnard, dans son beau et vaste château de Lagarde, situé sur les bords de l'Orne, non loin de Dives.

Le marquis n'avait qu'un seul fils, le comte Réné, jeune homme de vingt-cinq ou vingt-six ans, élégant seigneur, s'il en fut, plus libertin que ne le comportaient les mœurs austères qu'affichait la cour pendant les dernières années du règne de l'infortuné Louis XVI, le roi martyr — digne émule, enfin, des Richelieu, des Lauzun, des Nocé, ces héros d'une époque antérieure, sur les traces desquels il marchait de façon à faire croire que bientôt la copie égalerait les modèles.

Chaque année, le comte Réné venait

passer la saison des chasses au château de Lagarde, où il amenait, d'habitude, bonne et joyeuse compagnie.

Le vieux marquis n'était point un censeur morose — bien loin de là — il aimait la jeunesse, et les amis de son fils étaient accueillis par lui aussi bien que les siens propres.

Sur les terres du château de Lagarde vivait une jeune orpheline, fille d'un ancien garde-chasse de Réginald.

Cette jeune fille subsistait modestement du prix de son travail, et aussi d'une petite pension que lui faisait le marquis qui avait beaucoup aimé le père de cette enfant.

Elle était blonde, avec de grands yeux bleus, les plus beaux et les plus doux qui se puissent voir.

Sa réputation de sagesse était si parfaitement bien établie dans le pays, qu'aucun garçon ne se serait permis avec elle ces rustiques et gaillardes privautés, si fort de de mise entre paysans et paysannes.

La jeune fille se nommait Jeanne.

Sa beauté et la couleur cendrée de ses magnifiques cheveux lui avaient valu un double surnom.

On l'appelait indifféremment *Jeanne la Belle* et *Jeanne la Blonde.*

Jeanne habitait, toute seule, une jolie petite maisonnette, située sur la limite extérieure du parc du château, et cachée, comme un nid d'oiseau dans la mousse, entre des chênes admirables et des tilleuls deux fois séculaires.

Quoique pauvre, Jeanne n'aurait point

manqué de galants, et il n'est guère de jeunes gens dans le pays qui ne se fussent mis sur les rangs pour obtenir sa main, s'ils eussent entrevu la moindre chance de réussite.

Mais, nous le répétons, personne n'osait la courtiser — même les jours de fête, quand elle venait se mêler aux danses villageoises sur la grande place, devant l'église, — car, en outre de sa réputation de sagesse, on la savait promise à Alain Thibaut, garde-chasse du marquis, robuste et ardent jeune homme, dont chacun connaissait le sang impétueux, la main prompte et le coup d'œil juste.

C'était Réginald de Lagarde, lui-même, qui avait fait les fiançailles de Jeanne et d'Alain, et le vieux seigneur avait promis de doter la jeune fille le jour de son mariage.

Nous ne prendrons point sur nous d'affirmer que Jeanne aimait son futur mari, si grand et si beau garçon qu'il fût.

Mais Alain éprouvait pour la blonde enfant une des plus violentes passions qui puissent faire battre cent cinquante fois dans une minute un cœur de vingt-cinq ans.

Le mariage des deux jeunes gens devait se célébrer dans un mois.

Or, Alain avait cru remarquer que, depuis quelque temps, Jeanne était pensive et triste.

Pourquoi cette tristesse, tandis que lui était si heureux?

Il y avait là de quoi s'inquiéter et se tourmenter beaucoup.

Alain n'y manqua pas.

Puis, un beau jour n'y pouvant plus tenir

il interrogea sa fiancée avec une tendresse jalouse.

Jeanne ne répondit point, ou répondit en termes vagues, évasifs, et qui ne signifiaient absolument rien.

Alain insista.

La jeune fille se mit à pleurer.

Ces larmes désolèrent Alain qui reconnut immédiatement qu'il avait les plus grands torts du monde, et qui, peu habile à sonder les mystères d'un cœur féminin, mit sur le compte d'un malaise passager, d'un caprice vague et sans cause, le changement de Jeanne à son égard.

Nous avons dit que la petite maison de Jeanne la blonde était située tout auprès du mur d'enceinte du parc de Lagarde.

Une porte de sortie, pratiquée dans ce

mur, donnait passage à côté de son enclos, ceint d'une haie rustique d'aubépines et de rosiers sauvages.

Nous allons, si vous le voulez bien, nous transporter sous un bosquet de grands arbres voisins de cet enclos, à l'heure douteuse où la nuit est finie et où, cependant, le jour n'est pas né encore.

A l'Orient, une large bande, d'un blanc mat, rayait le manteau grisâtre du crépuscule.

Les oiseaux, endormis sous le feuillage, ne préludaient pas encore au premier couplet de leurs chansons joyeuses.

La rosée se suspendait aux pointes des brins d'herbe, comme autant de petits diamants que le soleil, en se levant, ferait bientôt étinceler.

Une voix sonore et bien timbrée retentit soudainement dans le lointain, jetant à l'espace quelques notes qui se perdirent, indistinctes et confuses.

Un silence eut lieu, et des aboiements de chiens, — ces aboiements harmonieux d'une meute, retentirent après la voix du chanteur.

Les chiens se turent, et la voix reprit, mais plus forte :

> L'étoile du berger, au ciel qui se colore,
> Blanchit !
> Et le vent du matin, qui naît avec l'aurore,
> Fraîchit.
> Le lugubre hibou de la tour mal hantée
> S'est tu !
> Et le bois est déjà, par la meute agitée,
> Battu !

La voix venait du parc.

Après un nouveau silence, elle reprit, plus près encore :

> Avant le jour, quittant ta couche et ta compagne,
> Chasseur,
> Sois prêt, et tout rempli, pour courir la campagne,
> d'Ardeur.
> Entends l'appel d'amour de la perdrix craintive,
> Et vois
> Le pas du sanglier qui lourdement arrive
> Au bois !...

La voix cessa de chanter, et la porte du parc s'ouvrit pour laisser sortir cinq ou six lévriers de noble tournure, et un jeune homme de vingt-cinq ans environ, grand et bien fait, aux yeux noirs, aux cheveux bruns, au visage hâlé par le soleil, à la poitrine large et à la contenance leste et fière.

Il portait une veste de drap vert à boutons armoriés, un ceinturon de peau de daim dont l'agrafe de cuivre était également blasonnée.

La carabine qui reposait sur son épaule était longue et brillante.

Il fit le tour du petit enclos, comme s'il se disposait à y pénétrer et à aller frapper à la porte de la maisonnette.

Mais, pensant sans doute que l'heure était indue pour une visite matinale et que Jeanne devait dormir encore, il se ravisa et se dirigea vers les bois qui se trouvaient à un demi quart de lieue au-delà.

Seulement, avant de s'éloigner, il s'arrêta et se retourna, afin d'envoyer à la demeure virginale un dernier regard et un baiser.

Puis, retenu par un mystérieux pouvoir, il demeura pendant quelques secondes immobile, les yeux toujours fixés sur ce toit couvert de mousse, doux abri de tout ce qu'il aimait en ce monde.

Car ce jeune homme, on l'a deviné déjà, c'était Alain.

Soudain le garde-chasse tressaillit.

La porte de la chaumière venait de tourner sur ses gonds.

Alain, voulant contempler la jeune fille sans être vu par elle, se jeta vivement derrière un tronc d'arbre.

Jeanne sortit en effet.

Elle fit quelques pas au dehors, elle promena autour d'elle un regard investigateur et inquiet, et elle entra dans la chaumière.

Au bout d'une seconde elle reparut.

Mais, cette fois, elle n'était plus seule.

Un homme l'accompagnait — un homme

au cou duquel elle jeta ses deux bras, s'y suspendant en quelque sorte, et échangeant avec lui un long baiser d'adieu.

Puis, cet homme se dégagea de cette ardente étreinte et s'éloigna lentement.

Alain avait senti son cœur se briser, et la fièvre de la folie envahir son cerveau.

Il arma sa carabine — il en appuya la crosse contre son épaule — il mit en joue l'inconnu, et il allait serrer la gachette.

Alain ne manquait jamais son coup. — Une seconde encore, et c'en était fait de l'amant de Jeanne la Blonde...

Mais l'inconnu se retourna, provoqué par le bruit d'un baiser que la jeune fille lui envoyait du bout des doigts.

Alain laissa tomber son arme.

Il venait de reconnaître le comte Réné

de Lagarde — le fils de son protecteur et de son maître !

En ce temps-là, les vassaux n'avaient pas encore appris à tuer leurs seigneurs. — Pour eux la noblesse était chose sacrée — Alain renonçait à la vengeance.

Il attendit que le comte ait disparu à travers les sinuosités du parc, et que Jeanne fut rentrée dans sa chaumière.

Alors, à son tour, Alain regagna le château.

Il enferma les chiens dans leur chenil.

Il suspendit sa carabine à la place qu'elle occupait, sur deux crampons, au dessus de la haute cheminée de la cuisine.

Il échangea sa livrée de garde-chasse contre les vêtements de paysan qu'il portait avant d'entrer au service du marquis.

Puis, sans avoir dit un mot à qui que ce soit, il sortit du château — il s'éloigna du village, et enfin il quitta le pays, bien convaincu qu'il n'y reviendrait jamais.

§

Quels pouvaient être et quels furent en effet les conséquences et le dénoûment des amours du gentilhomme et de la paysanne ?

L'un et l'autre se devinent.

Réné de Lagarde, habitué aux brillantes et faciles aventures de la cour et de la ville, n'avait pris Jeanne que comme distraction et encore comme une distraction bien passagère.

Il avait vivement désiré la jeune fille, c'est vrai.

Mais, aussitôt qu'elle se fut donnée à lui,

il avait senti que son caprice ne résisterait point à la possession.

Au bout de deux ou trois nuits, le comte était parfaitement blâsé.

Ainsi, tandis que la pauvre Jeanne rêvait un avenir de bonheur, elle était oubliée déjà!

Les visites de Réné devinrent de plus en plus rares — de plus en plus courtes.

Enfin, elles cessèrent tout à fait.

Jeanne se résigna d'abord.

Mais, bientôt, la force et le courage lui manquèrent à la fois pour souffrir.

Réné ne venait plus à elle — elle alla à lui.

Elle se jeta à ses genoux et elle lui cria qu'il n'avait pas le droit de l'abandonner et de ne la plus aimer, car elle allait être mère.

Réné lui répondit froidement que la chose était fâcheuse — si elle était vraie. — Et, comme il était un seigneur fort magnifique, il offrit à Jeanne de lui donner tout autant d'or qu'il lui en faudrait pour elle et pour son enfant.

Réné se croyait généreux — il n'était qu'insultant.

Jeanne comprit l'outrage. Elle savait ne pas l'avoir mérité, — elle sortit désespérée, mais fière — le front haut, mais la mort dans le cœur.

Le comte Réné s'étonna quelque peu de l'étrange désintéressement de cette paysanne, qui pouvait devenir riche et qui ne le voulait pas.

Puis il n'y pensa plus guère, et comme quelques jours après il partait pour Paris, il ne tarda point à oublier absolument jusqu'au nom de la pauvre fille.

Jeanne, rentrée dans sa demeure solitaire, s'assit sur un escabeau de chêne et pleura — pleura longtemps.

Cela dura des jours — des semaines — des mois.

Elle ne sortait plus ; — les larmes avaient flétri son jeune et beau visage, jusqu'au point de le rendre méconnaissable.

Enfin, un fils lui naquit.

A partir de ce moment on ne la vit plus pleurer — on l'entendait chanter sans cesse.

Dans le pays, on changea son nom.

On ne l'appela plus ni *Jeanne la belle*, ni *Jeanne la blonde*...

On la nomma *Jeanne la folle !*...

II

Douze ans s'étaient écoulés.

Pendant ces douze ans, l'ouragan révolutionnaire avait passé sur la France, balayant dans sa course folle la noblesse et la royauté.

Partout on brisait les blasons — partout on brûlait les manoirs.

Le peuple, enfin, venait d'apprendre comment on assassinait les rois.

Le vieux marquis Réginald de Lagarde était mort depuis longtemps.

Réné, l'héritier de son nom, de son titre et de sa fortune, avait émigré d'abord.

Puis, chargé d'une mission secrète, il était rentré en France.

Les agents du tribunal révolutionnaire signalèrent sa présence à Paris; — il fut traqué — poursuivi de cachette en cachette, et ne dut la vie qu'au dévoûment d'un vieux serviteur.

Pour arracher sa tête proscrite à l'insatiable couperet de la guillotine, Réné se réfugia en Normandie, dans les environs de son ex-château de Lagarde.

Nous disons *ex-château*, car le castel féodal et les terres qui en dépendaient avaient été confisqués et vendus, comme propriété nationale.

Là, Réné s'était mis à la tête d'une petite troupe, composée des plus dévoués de ses anciens vassaux, et il se cachait avec eux dans les bois qui couvraient une notable portion de la contrée, et au milieu desquels, à une lieue à peu près de Lagarde, se trouvait le petit hameau d'Yqueville, où nous allons transporter nos lecteurs.

Au-dessus de la porte de l'une des maisons du hameau se voyait une touffe de branches de houx, parmi lesquelles apparaissaient deux ou trois petites pommes rougeaudes.

Puis, un peu au-dessous, ces mots, tracés au charbon sur le volet.

EAU-DE-VIE.
BON CIDRE A DÉPOTEYER
A six liards le pot.

La maisonnette était un cabaret — cabaret bien humble, car il ne se composait au rez-de-chaussée que d'une seule pièce, sombre et enfumée, avec deux longues tables sales et quelques chaises de bois pour mobilier.

Dans un coin — sur un petit *chantier* formé par une demi-douzaine de morceaux de bois — se trouvaient deux pièces de ce fameux cidre à six liards le pot, et un baril d'eau-de-vie, de ceux que les marins et les habitants du littoral appellent de *petits bon-Dieu.*

A son commerce de liquides, le propriétaire du cabaret joignait une autre industrie : — il était boulanger.

Une dizaine de soldats de la république buvaient, jouaient et fumaient, accoudés sur les deux longues tables dont nous avons parlé.

Un officier bleu — un lieutenant — assis tout auprès du manteau de la cheminée, semblait s'isoler et n'adressait la parole à personne.

Ce lieutenant pouvait avoir trente-six ou trente-huit ans — peut-être plus, car des mèches blanchies se mêlaient à ses cheveux noirs.

Son visage et son attitude exprimaient une rêverie sombre et douloureuse.

Ses traits étaient beaux, expressifs et réguliers, mais des rides profondes que les peines morales avaient dû causer, bien plus que l'âge, sillonnaient son large front traversé par une cicatrice.

Parfois le lieutenant relevait la tête — mordait sa lèvre inférieure avec amertume — et ses yeux, animés d'une indéfinissable expression, étaient tantôt voilés par des larmes contenues, tantôt étincelants de haine et de colère.

Sans doute il y avait au cœur de cet homme une profonde blessure, ravivée par l'influence des lieux dans lesquels il se trouvait, et qui, pour si ancienne qu'elle fût, recommençait à saigner.

La porte du cabaret s'ouvrit.

Un soldat parut sur le seuil.

La boue jaunâtre qui mouchetait ses guêtres jusque plus haut que les genoux témoignait qu'il venait de loin par des chemins fangeux.

Cet homme fit le salut militaire.

— Le citoyen lieutenant Brutus Thibaut ? demanda-t-il.

L'officier se leva et répondit :

— C'est moi.

— Une lettre pour vous, lieutenant...

— De quelle part ?

— Du capitaine Scévola.

— Donnez.

— Voilà, lieutenant...

Et la lettre passa des mains du soldat dans celles de l'officier bleu.

Ce dernier rompit le cachet, et lut :

« *Troarn, ce 11 messidor.*

» Citoyen lieutenant,

» Nous avons eu, la semaine dernière,

une rencontre assez peu caressante avec la bande de gredins commandés par le ci-devant marquis Réné de Lagarde.

» Nous avons traité ces bandits comme ils le méritaient, c'est-à-dire que nous les avons écharpé en grande partie.

» Le reste s'est dispersé dans toutes les directions et n'est plus guère à craindre ; — cependant il est important qu'on puisse dire : *Morte la bête, mort le venin !*

» La république t'enjoint donc, par ma main, de redoubler de zèle, de surveillance et d'activité.

» On m'informe, de la manière la plus positive, que le ci-devant marquis a trouvé un repaire dans les ci-devant forêts de son ci-devant château.

» Il est porteur de papiers importants, et

qui intéressent, dit-on, la sûreté de la République une et indivisible.

» Fouille les bois — trouve l'ex-noble, et qu'il soit fusillé sur-le-champ, comme pris les armes à la main, sans autre forme de procès.

» La république compte sur toi.

» Sur ce, salut et fraternité — liberté, égalité ou la mort!...

» *Le capitaine* CURTIUS SCÉVOLA. »

Le lieutenant, après avoir lu cette lettre, la froissa dans ses mains avec une sorte de rage.

— Ainsi donc — murmura-t-il — c'est bien vrai!... — il est là, cet homme!... tout près d'ici!... tout près de moi!... et, cette fois encore, il m'échapperait!... cette fois encore, je perdrais le seul espoir qui soutienne ma misérable vie!... l'espoir de la vengeance!... — Non, c'est impossible!... impossible!... — il me faut cet homme!... je le veux!... je l'aurai!.

Puis il s'écria :

— Soldats, à vos armes!...

En une seconde, les hommes eurent abandonné leurs pipes, leurs cartes et leurs pots de cidre, et repris les fusils qui formaient un faisceau au milieu de la chambre.

— La dépêche que je reçois — poursuivit le lieutenant — m'apprend que l'homme que nous cherchons est tout près de nous...

— Ne le laissons pas échapper, il y va de notre honneur!... — recommençons les battues, fouillons les bois, questionnons les paysans...— Celui d'entre vous qui prendra, mort ou vif, le ci-devant marquis de Lagarde, peut compter sur les galons de sergent et sur une récompense nationale.....

Les soldats répondirent par un grognement joyeux, qui prouvait l'ardeur de leur zéle échauffé par une si belle perspective.

La petite troupe allait sortir, quand un nouveau personnage entra dans le cabaret, personnage de peu d'importance, et dont le lieutenant ne songea guère d'abord à se préoccuper.

C'était un enfant.

Il pouvait avoir douze ou treize ans, mais il était très petit pour son âge.

Son costume était celui des petits paysans de la classe la plus indigente. — Un bonnet de coton, rayé de plusieurs couleurs, une blouse bleue et des sabots.

Ses grands cheveux, naturellement bouclés et d'un blond fort pâle, s'échappaient de dessous son bonnet en touffes abondantes qui lui couvraient entièrement le front.

On lisait, sur sa figure fine et dans ses grands yeux bleus, une intelligence remarquable.

Il s'approcha du maître du cabaret, il mit sur la table une pièce d'argent, et il dit :

— Donnez-moi deux pains, s'il vous plaît.

— Ah ça ! mais — s'écria le cabaretier — quel appétit de Gargantua avez-vous donc depuis trois jours, ta mère et toi !... — mes fournées ne suffiront bientôt plus à vous nourrir tous les deux !... — pour t'envoyer chercher tant de pain, il faut que ta mère soit encore plus folle que de coutume, petit Réné !...

A ce nom de Réné, le lieutenant tressaillit.

Il se retourna et il attacha un regard long et fixe sur l'enfant dont les traits parurent lui causer une violente émotion.

Le petit garçon soutint ce regard avec une parfaite insouciance.

Il ôta son bonnet rayé, et salua.

Le lieutenant s'adressa au cabaretier :

— Quel est cet enfant ? — demanda-t-il.

— C'est le fils de la folle, mon officier.

— Comment s'appelle-t-il ?

— Réné.

— C'est un nom de baptême, cela.

— Il n'en a pas d'autre.

— Mais, son père ?... il a un père ?...

— Dame !... à moins d'être venu au monde sous un chou... ce qui n'est pas l'usage.

— Eh bien ! quel est son père ?

— Ni vu, ni connu, on ne l'a jamais su.

— Cet enfant est donc bâtard ?

— Sauf votre respect, mon officier.

Pendant ce dialogue, l'enfant avait pris ses deux pains, et il s'apprêtait à sortir.

Le lieutenant lui toucha l'épaule.

L'enfant s'arrêta.

— Où vas-tu ? — demanda l'officier.

— Porter ceci — répondit le petit garçon en montrant ses pains.

— Ah ! tu vas porter ceci ?

— Dame !... oui.

— Et à qui ?

L'enfant hésita.

Mais il se remit aussitôt, et dit :

— A ma mère.

— Où est-elle, ta mère ?

— Chez nous.

III

Le trouble de l'enfant n'avait point échappé à l'officier.

— Est-ce bien vrai, ce que tu me dis là, au moins ? — demanda-t-il.

— Oui, monsieur l'officier.

— Appelle-moi citoyen!

— Oui, citoyen...

Le lieutenant fronça le sourcil, et prit une physionomie farouche.

— Tu mens! — cria-t-il d'une voix dure et retentissante.

L'enfant se prit à trembler.

— Tu mens! — répéta l'officier — ces pains ne sont point pour ta mère...

L'enfant garda le silence, et se troubla de plus en plus.

Brutus reprit, d'un ton plus doux :

— C'est une commission qu'on t'a chargé de faire, n'est-ce pas?

Les dents de Réné s'entrechoquaient.

Brutus recommença sa question.

— Oui... citoyen... — balbutia l'enfant.

— Et, cette commission, qui te l'a donnée?...

L'enfant s'affaissa en quelque sorte sur lui-même, sans répondre.

Brutus poursuivit :

— Ne va pas mentir, au moins!... — cela ne te servirait à rien, car je sais tout...

— Alors — demanda Réné — pourquoi me questionnez-vous ?

— Pour voir si tu diras la vérité!... pour te récompenser ou te punir... — D'ailleurs, écoute-moi, et tu vas voir si je suis instruit... — Tu as rencontré, dans les bois... près d'ici... un homme qui se cache... Cet homme, depuis trois jours, te donne de l'argent pour lui acheter du pain... et te fait promettre de ne rien dire... — Eh bien, est-ce cela?...

L'enfant regarda l'officier avec une expression de profond étonnement, et répondit :

— Oui, citoyen...

Brutus dit alors, d'une voix dont il s'efforçait, mais vainement, de déguiser l'émotion :

— Et, cet homme, où dois-tu le retrouver?...

Réné regarda de nouveau le lieutenant, et demanda :

— Vous ne le savez pas?...

— Non, je ne le sais pas... mais tu vas me le dire...

L'enfant secoua la tête.

— Allons — dit Brutus — j'attends...

— Non... — fit Réné — je ne parlerai point...

— Tu ne parleras point!! — s'écria l'officier.

— Non.

— Et, pourquoi ?

— Parce que j'ai promis...

Le lieutenant frappa du pied avec fureur.

Il saisit et secoua le poignet de l'enfant.

— Repondras-tu!! — dit-il.

L'enfant pâlit et se mit à pleurer, mais sans prononcer un seul mot.

Brutus comprit qu'il faisait fausse route et que la violence n'obtiendrait rien de la normande obstination du petit garçon.

Tout aussitôt il changea de batteries.

— Ecoute, mon enfant — dit-il d'un ton très adouci — écoute. — Si tu persistes à te taire, je te mettrai en prison... ensuite j'enverrai mes soldats dans les bois, où ils trouveront certainement celui pour qui tu es venu chercher du pain... — Ainsi, il sera pris, et toi, de plus, tu seras puni... — Si, au contraire, tu me réponds avec franchise, quelle que soit la chose que tu désires, tu n'as qu'à me la demander, tu l'obtiendras sur-le-champ, je te le promets...

Lorsque l'enfant entendit cette offre, ses yeux brillèrent malgré lui, et son regard se fixa sur l'épée du lieutenant.

Brutus détacha son épée.

Il la présenta à l'enfant, sans toutefois la lui laisser prendre et il dit :

— Tu voudrais, je crois, cette belle épée dorée ?...

— Oui, citoyen...

— Eh bien ! il ne tient qu'à toi de la gagner... réponds à ma question de tout à l'heure, et cette épée est à toi...

L'enfant étendit la main, pour saisir l'objet convoité.

L'officier se retira un peu en arrière, en disant :

— Réponds d'abord.

La tentation était trop forte.

Réné céda.

— L'homme m'attend — dit-il — à côté du carrefour des Quatre-Chemins, près de la *Fontaine-aux-Loups.*

— Enfin ! — s'écria Brutus avec un accent de triomphe.

— Donnez... — fit l'enfant en étendant toujours la main.

L'officier laissa tomber dans cette main l'arme promise.

Réné, aussitôt, la tira à moitié du fourreau, et se mit à en admirer les ciselures et le travail, avec une joie enfantine.

— Nous le tenons! — poursuivit l'officier — cette fois il ne nous échappera plus...

Puis, s'adressant aux soldats, il ajouta :

— Marche!... — que cet enfant nous accompagne... — veillez sur lui, et qu'il ne puisse s'éloigner de nous...

La petite troupe sortit du cabaret, et s'éloigna rapidement dans la direction de la forêt.

§

Il n'y avait pas un quart d'heure que les bleus et leur jeune guide avaient quitté le hameau d'Yqueville, quand une femme entra dans le cabaret.

Cette femme était grande, et d'une effrayante pâleur.

Ses yeux exprimaient un égarement tranquille, une sorte de délire doux et calme.

Ses cheveux dénoués ruisselaient sur ses épaules et encadraient ses joues dans leurs larges mèches d'un blond cendré.

Sur sa figure flétrie on retrouvait des traces d'une beauté jadis éclatante, mais qui n'était plus maintenant que l'ombre d'elle-même — un pâle reflet du passé.

Elle ne parla à personne en entrant.

Elle alla s'asseoir à l'un des angles de la cheminée, et, quoique le foyer fût sans feu, elle fit le geste de chauffer ses mains.

— C'est toi, la folle... — dit le cabaretier — as-tu faim ?

La folle — puisque c'est ainsi qu'on la nommait — ne répondit pas, mais, de la tête, fit signe que oui.

— Eh bien! je vais te donner à manger...

— Manger... — répéta la folle — Puis elle se mit à rire — d'un rire qui faisait mal à entendre, tant il était triste et discordant.

Le cabaretier posa sur un escabeau, devant elle, un morceau de pain noir et un gobelet d'étain plein de cidre.

Elle mangea et elle but.

Puis elle appuya ses pieds sur les chenets — ses coudes sur ses genoux — sa tête sur ses mains, et elle sembla s'endormir.

§

Deux heures se passèrent.

Au bout de ce temps, Brutus rentrait dans le hameau avec son escouade.

Au milieu d'eux, ses soldats conduisaient un homme revêtu du costume des plus misérables habitants du pays.

Mais, sous ces haillons, cet homme conservait une allure hautaine et dédaigneuse.

Il savait qu'il marchait à la mort — et il y marchait, sinon gaîment, du moins d'un pas ferme et résolu.

Réné marchait par derrière.

Son cœur était gros de honte, et ses yeux rouges de larmes, car, en route, le prisonnier lui avait dit, avec un regard plein d'un mépris foudroyant:

— Misérable enfant, lâche et traître!... combien t'a-t-on donné pour me vendre?...

En arrivant devant la porte du cabaret, le lieutenant Brutus mit ses hommes en ligne, et commanda :

— Halte!

Puis il fit entrer le prisonnier dans la salle que nous connaissons.

La folle était toujours là et semblait dormir encore.

— Citoyen — dit alors Brutus à l'homme qu'il venait d'arrêter — citoyen, me reconnaissez-vous?...

Et, la tête nue, les bras croisés sur sa poitrine, il se posait en face de lui.

— Non — répondit le prisonnier — je ne vous reconnais pas.

— Je suis Alain Thibaut... — autrefois

votre valet — aujourd'hui Brutus, officier de la République...

— Alors, vous allez me sauver, n'est-ce pas? — demanda vivement l'interlocuteur du lieutenant.

Un sourire sinistre vint aux lèvres du lieutenant.

— Vous sauver! — répéta-t-il. — Je ne crois pas, citoyen marquis...

— Vous me haïssez donc?

— Autant qu'on puisse haïr!...

— Vous me haïssez! et pourquoi?...

— Parce que j'étais le fiancé d'une femme dont vous étiez l'amant!... — ci-devant marquis de Lagarde, rappelez-vous de Jeanne-la-Blonde... — Puis recommandez votre âme à Dieu — si vous croyez en Dieu et si vous avez une âme — car vous allez mourir...

En entendant les noms et les paroles que venaient de prononcer l'officier, la folle s'élança de l'escabelle, sur laquelle elle était assise, ou plutôt accroupie.

Elle fixa, sur le marquis et sur l'officier bleu, un long regard rempli d'incertitude.

Tous deux la regardaient étonnés.

Soudain elle passa ses mains sur son front, comme pour déchirer un voile, et, murmurant d'une voix étouffée :

— Oh ! mon Dieu !... mon Dieu !... je me souviens !... — Elle se jeta dans les bras du marquis.

— Quelle est cette femme ?—demanda ce dernier.

— Votre victime —Jeanne la folle ! — répondit Brutus.

— Non ! non ! — s'écria Jeanne — je ne

suis plus la folle! — je me souviens... j'ai ma raison... je le revois... je suis heureuse...

— C'est celui qui, tout à l'heure, disait à mon bien-aimé de se préparer à mourir, c'est celui-là qui est fou!...

Brutus appela deux hommes.

— Emmenez le prisonnier — leur dit-il — le crime est prouvé — l'ordre est formel — il faut que justice soit faite!...

Jeanne se jeta aux genoux du lieutenant, et, au milieu de ses sanglots convulsifs, elle murmura :

— Grâce!... grâce!... pitié, mon Dieu!...

— Ni grâce! ni pitié! répondit Brutus — j'ai trop souffert, et il est trop tard!...

Le marquis, calme et impassible, sortit entre les deux soldats.

— Mais, qui donc l'a livré? — s'écria

Jeanne avec une rage de tigresse — qui l'a vendu?... Je le tuerai, au moins, celui-là!...

— Qui? — répondit Brutus en désignant Réné — vous voulez savoir qui?... — c'est cet enfant... voilà celui que vous voulez tuer...

— Son fils! — murmura Jeanne — son fils!... oh! justice divine!...

Et, redevenue folle, la pauvre femme se mit à chanter.

— Feu! — disait Brutus en même temps.

Le marquis tomba.

Au bruit de la détonation, Jeanne la folle s'affaissa, comme si les balles l'eussent frappé elle-même.

Elle ne se releva plus.

FIN.

TABLE
Des chapitres du troisième volume.

DEUXIÈME PARTIE.
(suite).
Les princes de Courtenay. (suite).

		Pages
Chap.	XIV. L'ange sauveur	4
—	XV. Une plainte au criminel	21
—	XVI. Les Bohémiens	37
—	XVII. Ziska	55

TROISIÈME PARTIE.
Les amours d'une rose.

Chap.	I. Marcel	73
—	II. Un défenseur	91
—	III. Une matinée	111
—	VI. Une parente inconnue	129
—	V. Un avis anonyme	151
—	VI. La petite maison de Fontenay-aux-Roses	169
—	VII Un pigeon pour une tourterelle	187
—	VIII. Conversation	209
—	IX. Le choix d'une fleur	221
—	X. Demain!...	237
—	XI. La dernière lettre	253

ÉPILOGUE.
Le fils de la folle.

Chap.	I.	259
—	II.	287
—	III.	303

Fin de la table du troisième et dernier volume.

Fontainebleau. — Imp. de E. Jacquin.

Ouvrages de divers auteurs.

Aventures du prince de Galles, par L. Gozlan.	3 vol.
La marquise de Belverano, par le même.	2 vol.
Mes Mémoires, par Alexandre Dumas.	22 vol.
Mystères de la Famille, par Élie Berthet.	3 vol.
Le Cadet de Normandie, par le même.	2 vol.
La Ferme de la Borderie, par le même.	2 vol.
La Bastide Rouge, par le même.	2 vol.
Fabio, par Pierre de Lancy.	3 vol.
Il faut que jeunesse se passe, par A. de Lavergne.	3 vol.
Laquelle des deux, par Maximilien Perrin.	2 vol.
Partie et revanche, par le même.	2 vol.
Le Sultan du quartier, par le même.	2 vol.
Aventures de Saturnin Fichet, par Frédéric Soulié, tomes 7, 8, 9 et derniers.	3 vol.
La Tache de sang, par le vicomte d'Arlincourt, tomes 3, 4, 5 et derniers.	3 vol.
La mère Rainette, par Charles Deslys.	6 vol.
Nelly, par Amédée Achard.	2 vol.
Souvenirs de 1830 à 1842, par Alex. Dumas.	6 vol.
Les vrais Mystères de Paris, par Vidocq.	7 vol.
Mémoires d'une Somnambule, par J. Lacroix.	3 vol.
Un mauvais Ange, par le même.	3 vol.
Histoire d'une grande dame, par le même.	2 vol.
Les Francs-Juges, par Emmanuel Gonzalès.	2 vol.
Les sept baisers de Buckingham, par le même.	2 vol.

Fontainebleau, imprimerie de E. Jacquin.

www.ingramcontent.com/pod-product-compliance
Lightning Source LLC
Chambersburg PA
CBHW060400170426
43199CB00013B/1944